小論文これだけ!

樋口裕一

東洋経済新報社

はじめに――これ1冊だけで合格小論文が書ける！

大学入試に合格する小論文を書くには、まず、小論文の書き方を知らなければならない。どのような構成で、どのように書くのか、それを知るのが優れた小論文を書く第一歩だ。

だが、それだけでは、合格レベルの小論文を書けるようにはならない。優れた小論文を書くためには、社会や人間に対する知識が必要だ。知識があってこそ、背景にある問題点を理解できる。知識がないと、課題文を読みこなすこともできないだろう。たとえ表面を理解できても、背景にあるものを読み取れないはずだ。

知識をつけるには、たくさんの本を読む必要がある。たとえ、読んだ本がそのまま出題されないにしても、それを知っていれば、さまざまなことを考えるためのヒントになる。それらの「必読書」を読んでおけば、小論文を書くための心強い参考資料になる。そして、それを自分でまとめ、そこから「ネタ帳」をつくっておけば、準備は万全だ。

ところが、受験生にはそのような「必読書」を読む時間がない。それに、そのような「必読書」は、受験生にとって難解に思われるものが多く、なかなか手が出ない。だから、いつまでたっても、知識が増えず、小論文も上達しない。

そうした受験生のために、1冊だけで小論文の書き方の基本が理解でき、しかも、必要な知識を手際よく身につくようにしたのが、本書なのだ。

本書の第1部では小論文の書き方を説明している。そして第2部では、小論文に役立つ「必読書」を31冊選んで、その内容を紹介し、「使えるフレーズ」を示している。いいかえれば、受験生にかわって、内容の簡単な要約をして「ネタ帳」をつくってあげたのだ。本来、受験生が自分ですることを、かわりにしてあげているのが、本書だ。

ただし、付け加えておくが、本書に要約したのは、高度で中身のつまった「必読書」のほんの一部でしかない。しかも、短いページでまとめているために、時には内容を単純化してわかりやすくしているところもある。本書を読んで興味を覚えたら、ぜひとも、原著を読んでほしい。そうすれば、もっと知識が増え、もっと知の喜びを味わえるはずだ。

本書を出発点にして、多くの人が優れた小論文を書けるようになり、同時に、奥深い読書と思索の楽しみを知ってくれることを祈っている。

樋口　裕一

本書の使い方

本書の第1部では、小論文の書き方の基礎を説明している。じっくり読んで、小論文をどう書けばよいのかをまず知ってほしい。

第2部では、小論文のテーマとなる主要13分野の「必読書」を、各分野2～3冊ずつ、本の難易度別に初級・中級・上級に分類して合計31冊紹介している。そして、それぞれの「必読書」に対して、まずその本のエッセンスを説明し、そのあと、内容を解説しながら、小論文に使えるフレーズを太字で示している。これらのフレーズをしっかりと頭に入れて、本番の小論文試験に使えるようにしておくとよいだろう。

ここに選んだ「必読書」はどれも優れたものなので、ぜひとも本書のすべてを通読してほしい。そして、とくに興味をひかれた書物に関しては、ぜひとも原書を読んでほしい。本書の解説を手がかりにすると、少々むずかしいものであっても、きっと読みこなしやすくなっているはずだ。

だが、そんな時間のない人は、初級・中級・上級の分類を参考にしながら、自分の志望先に関係のある分野の本の紹介だけでもじっくりと読んでほしい。それだけでも、かなりの知識を増やすことにつながるはずだ。

志望学部別「必読テーマ」一覧表

	医学部	法学部	教育学部	文学部	政・経・商学部	工学・理学部	情報学部系	人間学部系	生活学部系	福祉・医療系	芸術学部
1 環境・科学	○		○		○	◎	○	◎	◎	○	△
2 国際関係		△	○	△	○	○	△		△	○	
3 日本文化	△	○	○	○	○	○	○	○	○	○	○
4 福祉・ボランティア	◎	△	△	△	△	△	○	○	○	◎	
5 女性・人権	△	○	○		△	△		△	○	○	△
6 情報化社会		○		○	△	○	◎	○			△
7 教育	○	△	◎	△	△	○	○	○	△	△	○
8 言語・文化			△	○				△			○
9 近代・ポストモダン		△		○			○	○			○
10 医療・看護	◎	△	△					○	○	◎	
11 法・民主主義	○	◎	○	○	○		△	△	△	△	
12 政治・経済		○			◎		○				
13 思想・芸術				◎			△	△			◎

◎…必須（最優先で押さえておく！）　○…重要（知っていると必ず役立つ）
△…有効（余裕があればぜひ押さえたい）

もくじ

協力　佐野正晴
大原理志
柚木利志
本文レイアウト　アイランドコレクション
カバーデザイン　テンフォーティ／豊島昭一郎

第1部

「書く技術」編

書き方はこれだけ！

これまで小論文を一度も書いたことのない人がいるかもしれない。「これまで書いてきた作文とどう違うんだろう」と思っている人もいるかもしれない。もしかしたら、「作文が苦手だったから、小論文も書けないかもしれない」と不安に思っている人もいることだろう。

だが、小論文はむずかしくない。作文を書くには、文章を工夫したり、表現に凝ったりする必要があるが、小論文はそんなことはない。いつも同じパターンで書けばよい。

小論文とは何か、小論文と作文はどう違うのかをしっかり知って、小論文の書き方を身につけてしまえば、あとは知識を増やすだけで、すぐに優れた小論文が書けるようになる。

そこで、まず、小論文の書き方の極意を説明しよう。

1 イエス・ノーを答えれば小論文になる

小論文とは、読んで字のごとく論じる文章のことだ。論じるというのは、「物事の是非をただす」（『広辞苑』）こと。若者にもわかりやすい言葉で言うと、「イエスかノーかをはっきりさせる」ということだ。つまり、**イエスかノーかの問題を立てて、それを判断するのが小論文、そうでないのが作文**だということだ。

たとえば、「ボランティアについて」という題を与えられたときに、ボランティア活動をした経験を具体的に書いても、それは作文にしかならない。小論文にしたかったら、「ボランティアをもっと広めるべきか」「ボランティア活動を学校の単位に加えるのは、よいことか」「ボランティア活動に対して報酬を与えるのは、よくないことか」「ボランティア活動が日本で広まらないのは、宗教に原因があるからか」などの**イエス・ノーで答える問題を立てて、それについて判断する**わけだ。

試験に出題される小論文問題のなかには、まれにだが、イエスかノーかという形では書きにくいものも混じっている。たとえば、「ボランティア活動をもっとさかんにするための対策を示せ」などの問題の場合だ。だが、このようなときには、最初にズバリと、「ボランティア活動をさかんにするためには、……という対策をとるべきである」と示せばよい。そして、それが正しいかどうかを検証する形にする。

また、「ボランティアとは何かについて考えなさい」などといった問題が出されたら、「ボランティアとは……であると私は考える」というように、第一段落で結論を述べて、それが正しいことを示す形をとる。

このように、最初に結論を言うことによって、どのような問題もイエス・ノーの形にできる。

問題を見てから、今度はどんな書き方をすればよいのだろうかなどと、いちいち悩む必要はない。どんな問題でも、まずはイエス・ノーの問題提起にすることを考える。逆に言えば、小論文を書きたかったら、何はともあれイエス・ノーの形にすることだ。

しかも、イエス・ノーの基本型で書くほうが絶対に書きやすい。基本型にそって書けば、コンスタントに実力を発揮できる。焦点を定めて論を深めることもできるのだ。

2 小論文には「型」がある！

小論文は論理的に書くものだと言われても、具体的にどう書いていいかわからない人も多いだろう。だがこれにもよい方法がある。論理的な「型」にそって構成すればいいのだ。これから説明する**「型」どおりに書けば、おのずと論理的になる**。「この課題はどんな順番で書けばいいんだろう」などと悩む必要はない。いつも原則として同じ「型」に当てはめて書けばよい。

もちろん、小論文に慣れたら、「型」を崩すのもいいだろう。むしろ、ぜひ「型」を崩してほしい。だが初心者のうちは、少なくとも「型」をマスターする努力をすることが大切だ。そうすることで、文章を書くのが苦手な人でも、すぐにそれなりの小論文が書けるようになる。それだけでなく、コンスタントに力を発揮できるようになるのだ。**「型」が身につかないと、つねに論理的に書くのはむずかしい**。

そこで次に、「型」の極意〈四部構成〉について説明する。

「型」の極意〈四部構成〉

●第一部　問題提起

設問の問題点を整理して、これから述べようとする内容に主題を導いていく部分。

課題が、直接的にイエス・ノーの形になっていないときには、この部分でイエスかノーかに転換する。

課題文のつく問題の場合には、ここで、課題文の主張を簡単にまとめて「課題文の筆者は……と主張しているが、それは正しいか」「課題文では……が問題にされているが、それはよいことか」などとする。グラフや表がついているときにも、ここでその読み取りをするとよい。課題にあいまいな言葉が混じっているときや、課題文のキーワードがわかりにくいときには、この部分でその言葉の説明をする。

分量的には、全体の10パーセント前後が適当。

●第二部　意見提示

イエス・ノーのどちらの立場をとるかをはっきりさせ、事柄の状況を正しく把握する。

ここは「たしかに……。しかし……」という書き出しではじめると書きやすい。たとえば、課題文にノーで答える場合は、「たしかに、課題文の言い分もわかる。たとえば、こんなことがある。しかし、私は、それには反対だ」というパターンにする。そうすることで、視野の広さをアピールできる。とくに医療系では、一方的で偏った意見でなく、しっかりと反対意見も踏まえたうえでの意見が求められる。「たしかに」のあとに反対意見を考慮することによって、公平な態度を示すことができるし、反対意見を考えることで、論が深まる。しかも、字数かせぎもできる。

分量的には、全体の30~40パーセント前後が適当だ。

●第三部　展開

イエス・ノーの根拠を示す部分。また、場合によっては、具体的に改善するための対策を書くこともある。

第三部「展開」は小論文で一番大事な場所なので、しっかりと論を深める必要がある。そのためには、**大きな問題とからめるのがコツ**だ。たとえば医療系の大学で、ガン告知の是非について意見が求められた場合には、「医療はこうあるべきだ。したがって、ガン告知はするべきだ（するべきではない）」といった書き方をする。このように、学部によっては、民主主義社会はどうあるべきか、これからの国家はどうあるべきか、教育はどうあるべきかというように、大きな問題とからめて考えるわけだ。ここで、本書の第2部「書くネタ編」から仕入れた知識を示すと、論がぐっと深まる。

この部分は、ふつう全体の40〜50パーセントほどを占める。全体が1000字を超える場合には、2つの段落に分けるほうが書きやすい。

●第四部　結論

もう一度全体を整理し、イエスかノーかをはっきり述べる部分。全体の10パーセント以下でいい。**努力目標や余韻を持たせるような締めの文などは必要ない。**

それぞれの部分を1つの段落で書くのが基本だが、制限字数が1000字を超す場合は、第二部「意見提示」や第三部「展開」を2つの段落に分けてもよい。字数が500字以内の場合は、第二部「意見提示」と第三部「展開」を段落分けしないで、全部を3つの段落で書いてもいい。

これが樋口式・四部構成だ！

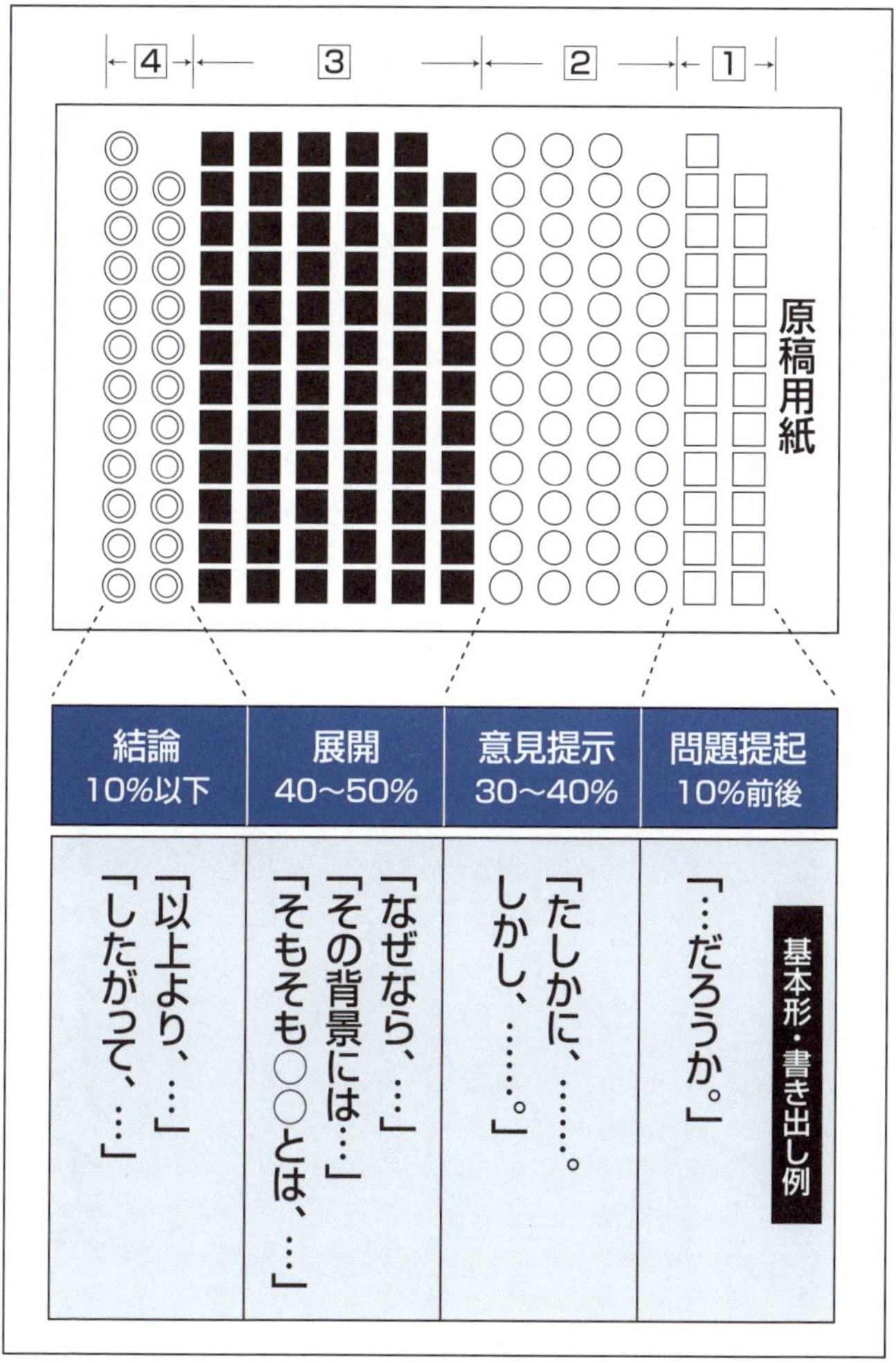

3

「型」で書くときのワンポイント・アドバイス

こんな問題提起はしてはいけない（第一部「問題提起」）

①賛否両論ある問題提起でなくてはいけない

問題提起は賛否両論がなくてはいけない。たとえば「いま、自然破壊が起こっているか」「現在は情報化社会か」といった問題提起をしてみても、イエスに決まっているのだから論にならない。賛成と反対の両方の意見がある問題提起にする必要がある。

②論の深まりそうな問題提起でなくてはならない

たとえば、「いま、ボランティア活動をする人は増えているか」といった問題提起をしても、小論文で書くには不適当だ。それをしっかりと論じるには、統計をとるなどの調査が必要だからだ。試験場で書いて、深い論にするためには、価値観を問うもの、つまり「それはよいことか」などのほうが書きやすい。

このように、手に負える、論の深まりそうな問題提起を選ばなければならない。

書き出しに迷ったときの基本パターン（第一部「問題提起」）

小論文の場合、書き出しに凝る必要はない。ありきたりの書き出しで十分だ。

とはいえ、書き出しができないために、時間がかかって思うように書けなかったという人が多いので、基本的な書き出しのパターンを示しておこう。

①疑問文ではじめる

ズバリと問題提起を書くパターンだ。字数が少なすぎるという欠点もあるが、ほかに思いつかないときには、これで十分。

ただし、イエスで答えたいときに「……だろうか」という疑問文にすると、「反語」ととられて、ノーと言いたいのだと誤解されるかもしれないので注意が必要。それが気になるときには、「……だろうか。それについて検証してみたい」とすればいい。

例 **「現代は情報化社会と言われるが、情報化社会は人間にとって好ましいのだろうか。検証してみたい」**

②客観的事実ではじめる

「最近の新聞によると……」「最近、よく……と言われる」といった新聞やテレビの報道などの客観的な事実ではじめるパターン。ありふれているが、小論文ではこれで十分。

例「日本は情報化社会だと言われている。事実、多くの家庭でコンピュータが用いられ、情報が重視される社会になっている。これからますます日本は情報化が進んでいくと思われるが、情報化社会は人間にとって好ましい姿なのだろうか」

③定義・分類ではじめる

「……とは……である」「AとBの違いは……である」などの文ではじめるパターン。最も論文らしい書き出しで、採点者にも好まれる。設問に定義のあいまいな言葉が含まれている場合には、この書き出しが好ましいが、いつもこれで書けるとは限らない。

例「情報化社会とは、情報が物質以上に重視されて、情報をもとに発展する社会のことである。現在、日本は情報化社会と言えるだろう。では、情報化社会であることは、人間にとって好ましいことなのだろうか」

④結論ではじめる

ズバリと結論を言って、問題提起のかわりにする。イエス・ノーの問題提起にしにくいときなどに使うとよい。第二段落以降は、ふつうと同じように書いてよい。

例「現代は情報化社会だと言われるが、私は情報化社会は人間によくないと考える」

意見提示の書き方にもコツがある「第二部（意見提示）」

①「たしかに」のあとに説得力のありすぎることを書かない

「たしかに」のあとに説得力のありすぎることを書かないこと。「しかし」で切り返せなくなってしまうからだ。「しかし」のあとに重点があることを忘れてはいけない。

②「しかし」のあとにも書きすぎない

もうひとつ気をつけるべきなのは、「しかし」のあとにも書きすぎないことだ。書きすぎてしまうと、次の「第三部（展開）」で書くことがなくなってしまって、ここで論が終わってしまう。小論文の一番のヤマ場は「第三部（展開）」に書くべきであって、ここでは、「展開」に書くことをほのめかすくらいでよい。

では、ここで「型」どおりに書かれた文章を例として挙げよう。これは、「情報化社会について、あなたの意見をまとめなさい」という課題に対して書かれた文章だ。

模範解答例『情報化社会について』

現在は情報化社会と言われる。これからますますコンピュータが人間生活のなかに入り込んでいくだろう。では、このような情報化社会は人間にとって好ましいのだろうか。

たしかに、情報化にはメリットは多い。現在では、人びとは通勤という無駄な時間を過ごし、単純作業を行い、くたくたに疲れて一日を過ごしている。夫婦の語らい、親子の語らいが軽視され、家族のコミュニケーションが十分に行われていない。情報機器が発達すると、人びとは郊外の自宅で仕事をして、家族とともに生活しながら、仕事ができるようになることが期待されている。これまでの仕事に追われた生活から解放されて、人間らしい生活ができるようになるというのだ。そうすることで非行やいじめを防げるとも言われている。しかし、そうした見方は少し表面的すぎはしないだろうか。

情報機器の発達とともに、人間はあらゆることをコンピュータなどの機器を通してするようになった。ところがそれとともに、人間は現実世界のなかに生きて、現実を改革するという意識を失ってしまったように思われる。まるで、すべてが擬似現実、仮想現実のような気がしている。まるでテレビの画面を見るように現実を見ているのだ。だが、人間は、現実とともに生き、現実を変革するという感覚によって、自分をつくり上げていくものである。このように考えると、情報機器は人間から自分自身の力で解決するという意識、つまりは人間のアイデンティティーを奪って、現実感覚を失わせていると言えるのである。

私は、情報化社会は人間にとって好ましいものではないと考える。情報化が行き過ぎないように、私たちは監視していく必要がある。


この文章が、忠実に「型」にもとづいていることがわかってもらえるだろう。

第一段落が問題提起で、「情報化社会は人間にとって好ましいか」という問題を提起している。それを受けて第二段落が意見提示で、「たしかに」のあとに、情報化社会のメリットを示しながらも、「しかし」のあとで、「そうした見方は表面的すぎる」と書いて、情報化社会が人間にとって好ましくない面を持っていることを予告している。

そして、第三段落が展開。「現実感覚を失わせる」という情報化社会の欠点を説明している。最後の段落が結論で、「情報化社会は好ましくない」ということを再度確認している。

4 メモの質と量が小論文の質を決定する

題を与えられたらすぐに文章を書きはじめる人がいる。だが、それでは優れた小論文は書けない。もちろん、イエス・ノーの問題提起をして、「型」どおりに構成すれば、ほぼ小論文らしいものが書ける。だが、それでは、ありきたりの浅い文章にしかならない。もっと内容的に深める必要がある。じっくりと考え、メモをとってこそ優れた小論文ができる。

内容を深めるための作業がメモだ。原稿用紙を埋めるのにかかる時間と、課題文がついている場合にはその課題文を読む時間以外のほとんどの時間を、メモ・構成に費やすべきだ。

下書きは、時間によほど余裕のあるとき以外はする必要はない。下書きをしていると間に合わなくなることが多いからだ。**下書きをするよりはしっかりとメモをとって考えを深めるほうが大切**だ。

メモのとり方——極意を伝授！

①３ＷＨＡＴ３Ｗ１Ｈを考える

メモをとるときに、３ＷＨＡＴ３Ｗ１Ｈを頭においてメモすることをすすめる。

文章は５Ｗ１Ｈ（ＷＨＥＮ、ＷＨＯ、ＷＨＥＲＥ、ＷＨＹ、ＷＨＡＴ、ＨＯＷ）を考えて書けとよく言われるが、小論文ではぜひ３ＷＡＨＴ、３Ｗ、１Ｈを考えてほしい。

３ＷＨＡＴというのは「それは何か（定義）」「何が起こっているか、何が問題になっているか（現象）」「何がその結果起こるか（結果）」だ。この３つのＷＨＡＴを考えて、問題点を整理する。たとえば、「ボランティア」という題を出されたら、「ボランティアとは何か（定義）」「ボランティアについて、何が起こり、何が問題になっているか（現象）」「このままだと、ボランティアはどうなるか（結果）」を考える。

この３つのＷＨＡＴは、問題点を整理するために考えておくことだ。ここで考えたことは、主として第一段落「問題提起」に書くことが多いはずだ。

３Ｗとは、ＷＨＹ（根拠・理由）、ＷＨＥＮ（いつからそうなのか、それ以前はどうだったか＝歴史性）、ＷＨＥＲＥ（どこでそうなのか、ほかの場所ではどうなのか＝地理性）。

そして、1Hとは、HOW（どうやればいいか＝対策）だ。

「ボランティア」について題が出され、「ボランティアを単位に加えてよいか」について問題提起するとしたら、それに対してイエスの根拠とノーの根拠を考えてみる（根拠・理由）。そして、「かつてはどうだったのか（歴史性）」「よその地域やよその国ではどうなのか（地理性）」「どうすれば、学校の単位に加えることによって、ボランティアを広められるか（対策）」を考えるわけだ。そうして、第三段落「展開」に書く内容を探すわけだ。

② 知識と関連づけて考える

どんな問題が出ても、新聞で読んだこと、テレビのニュースで見たこと、社会科や家庭科、国語などの授業で習ったこと、本で読んだことなどとからめて考えてみる。そうすることで、社会的な視野を持つことができ、深い小論文になる。

たとえば、ボランティアについての問題が出されたとする。そして、君は現代の日本社会が経済中心であって、精神的な価値が軽視されていることを知っているとする。その場合、その2つの点を結びあわせて考えてみる。そうすると、日本でボランティア活動が根づかない原因に、経済中心主義があることに気づくはずだ。このように考えることによっ

メモの決め手「3WHAT・3W・1H」

3WHAT
- **定義**のWHAT（それは何か?）
- **現象**のWHAT（何が起こっているか?）
- **結果**のWHAT（何がその結果起こるか?）

3W
- **根拠・理由**のWHY（なぜ起きたのか?）
- **歴史的経過**のWHEN（それはいつからか?）
- **地理的状況**のWHERE（どこで?他の場所では?）

1H
- **対策**のHOW（どうすればいいか?）

て、優れた小論文にするための方法がわかるはずだ。

このように、現在、新聞などであつかわれている事柄とからめることで、鋭いことが考えられるようになるわけだ。そのために、本書の第2部「書くネタ」編では、すぐに役に立つ知識をいくつも紹介している。そうした知識を用いれば、ほとんどの課題について考えるヒントが与えられるはずだ。ぜひ、役立ててほしい。

ただし、**気をつけてほしいのは、こじつけすぎると論が途中からずれてしまう**ということだ。ずれることのないように、与えられた問題について真正面から考えるように心がけたうえで、知識を利用してほしい。

5 メモやネタを「構成」してこそ小論文になる!

メモの次にするのは「構成」だ。

無秩序に思いつきを書いたメモを組み立てて、論理的にするのが構成という作業だ。メモで思いついた一番説得力のある内容をひとつ選んで、それを「四部構成」の第三段落に置くようにして、「型」どおりに構成するとよい。いつもその「型」に当てはめて書くのが、うまい小論文の書き方だ。いちいち、今度はどんな構成にしようかと考える必要はない。

ただし、**気をつけなくてはいけないのは、いろいろな要素を書きすぎない**ことだ。せっかくメモをとったので書きたくなる気持ちもわからないでもないが、あれこれ書くと、論理的に構成できない。**メモで思いついたネタのなかで一番鋭いものを1つだけ選んで、ほかのことは切り捨ててこそ、構成できる。**

「一方の側に立てばこんなことが言える。だが、もう一方の側に立てばこうも言える」

構成メモはこうつくる！

構成メモ（「ボランティア活動」について）

問題提起	意見提示	展開	結論
1 ボランティア活動を学校の単位に加えるべきか。	2 たしかに、学校の単位に加えると自発的なものでなくなり、自発性という本来の意味から外れる。しかし、学校の単位に加えることにメリットがある。	3 ①学校の単位に加えることで、生徒がボランティア活動に慣れる。②それをきっかけにして、ボランティア活動への理解が深まり、もっと活動が広まる。	4 したがって、ボランティア活動を学校の単位に加えるべきである。

というような**イエスとノーが中途半端な文章は好ましくない**。また、「私は、イエスだと思う。その理由は、AとBとCとDとEだ」というような**理由を羅列する文章も好ましくない**。どちらかの立場にはっきりと立って、焦点を定めて書かなくてはいけない。

　そして、構成ができたら、それぞれの段落で書くことを箇条書きにしてまとめておくと、論が途中からずれずにすむ。そして、実際に書くときには、それに説明や具体例を加えればよい。

6 出題パターン別対処法

課題文がなく、「……について」という形式の場合

課題文がなく、ただ課題が与えられている場合には、まず、この課題について、どのようなことが問題になっているか、どのようなことが言われているかを考えてみる。

たとえば、「ボランティア」についての課題が出されたら、「ボランティアを単位に加えている学校がある」「ボランティアが日本で広まらないのは、日本が欧米と違って、キリスト教社会ではないからだ」といったことを思い出すだろう。

それをそのまま書くと、よく言われている意見を繰り返すだけの浅い論になるが、それを問題提起に使って、「ボランティアを学校の単位に加えてよいか」「ボランティアが日本で広まらないのは、日本が欧米と違って、キリスト教社会ではないからか」といった形で論じると、論が深まる。

課題文がなく、「○○と××」「○○はなぜか」などの場合

課題文がなく、たんに課題が「○○と××」となっていたら、その2つの言葉を用いて、どんなことが言われているか、何が問題になっているかを考えて、それを問題提起にする。「○○は××にとって正しいか」「○○は××よりも重要か」などがその典型だ。

たとえば、「コンピュータと人間」という課題なら「コンピュータは人間の役に立つか」という形にしたり、「現代社会と宗教」という課題なら「現代社会に宗教は必要か」などの問題提起が書きやすいだろう。

また、「○○はなぜか」の場合は、なぜ○○が起こっているかといったことを考えてみる。そして、「○○は……だからか」といった問題提起にする。

たとえば、「若者の犯罪が多発しているのはなぜかについて論じなさい」という問題だったら、「よく、若者の犯罪が多発しているのは、若者がストレス状態にいるからだと言われているが、それは本当か」などのようにすればよい。

課題文があって、それについて自由に論じる場合

課題文が与えられて、「それについて論じなさい」といった設問のある場合は、その文

章のメインテーマ（最も言いたいこと）について論じるのが原則だ。

課題文が少し触れているだけの事柄について書いても、課題文を読み取れなかったとみなされてしまう。課題文のメインテーマ、つまり課題文が一番言いたいことをきちんと読み取って、それを論じるのが原則だ。

課題文が何かを主張しているときには、「課題文の主張は正しいか」という形になることが多い。たとえば、「これからは福祉を重視するべきだ」という主張に対しては、「これからは福祉を重視するべきか」という問題提起にする。

また、課題文が何かを指摘しているだけのとき、たとえば「いま、電車のなかで化粧をする人が増えている」と語る文章に対しては、「課題文が指摘していることは好ましいか」を考えて、「電車のなかで化粧をしてよいか」を論じるとよい。

課題文があって、設問がある場合

「課題文を読んで、……はどうあるべきかについて論じなさい」「課題文の内容を踏まえて、……のあり方について意見を記しなさい」などというように、論じる内容について規定するような課題が増えている。

たとえば、課題文が「しつけをしない家庭が増えている」と語っていて、「これからの学校の役割について、意見を述べよ」という設問がある場合、まず、設問に対して、課題文の筆者がどのように考えているかを想定してみる。すると、筆者は「家庭でしつけをしないのだから、学校でしつけをする必要がある」と言おうとしていることがわかるはずだ。そのときには、「学校教育の役割には、しつけをすることも含まれるか」などの問題提起をすればよい。

このように、設問に対する課題文の筆者の考えを想定して、それについて賛成か反対かを問う形にすると、的確な問題提起になる。

グラフや表がある場合

グラフや表などの資料も、何かを指摘したり、主張したりしている。したがって、まずは数字の大きな違い、資料にあらわれる共通点などを見つけ、そこから何が言えるのか、その資料は何を指摘しているのかを読み取る必要がある。

資料の読み取りだけが求められている設問に対しては、これまで説明してきた「四部構成」にはこだわらずに、資料の細かい部分を読み取り、最後に全体からどのようなことが言えるかをまとめる。資料が単純な割に制限字数が多い場合には、どうしてそのようなことが起こっているのかの分析を加えてもよい。

資料についての意見が求められている場合は、第一段落で資料から読み取れるものを指摘したうえで、そのような状況の是非などを問題提起する。そして、これまで説明した「四部構成」を用いて論じればよい。

絵や写真がある場合

課題文のかわりに絵・写真・漫画が示されて、それについての感想を書くように求められる場合がある。

この種の問題の場合も、作者の伝えようとしていることをできるだけ正確に読み取って、それが正しいかどうかを問題提起するのが原則だ。たとえば、写真にゴミで汚れた山が写されていたら、「汚染の進むいまの状況でよいのか」を問題提起するわけだ。

しかし、絵や写真、漫画には、いつもはっきりした主張があるとは限らない。とくに、芸術系の場合、漠然とした素材が出題される場合がある。

そんな場合には、多少、拡大解釈して、その素材から自分でテーマをつくることが必要になってくる。たとえば、最初に、「私には、この絵は都会の孤独を描いているように思われる」というように、多少強引でもいいので、自分のテーマを言い切ってしまう。

ただし、そう言ったら、そのあとでその理由を述べる必要がある。たとえば「ここに描かれた繁華街は人が多いが静けさに覆《おお》われていて、空虚感に満ちている」などというように続ければよい。

こうして、第一段落に絵・写真・漫画の読み取りを書いて、あとはいつもの要領で論を深めることを考えればいい。

7 要約問題の書き方

要約問題もしばしば出題される。問一で課題文の要約が求められて、問二で意見が求められる、という出題のされ方が多い。なかには、要約だけが求められる小論文試験もある。

要約問題の場合、次の三大基本原則を守ってほしい。

①課題文の筆者になりかわって書く。だから、「筆者は……と書いている」などといちいち書く必要はない。
②課題文を読んでいない人にもわかるように書く。つまり、要約だけで意味が通じるようにしなくてはいけない。
③読み取れたことを示すつもりで書く。要約問題というのは、課題文を理解できたかどうかを見るための問題だということを忘れてはいけない。

そして、実際に要約するときには、次の三原則を守ってほしい。

①課題文のキーワードはそのまま使う。
②わかりにくいキーワードには説明を加える。そうしないと、課題文を理解したことを採点者にアピールできない。
③キーワード以外のむずかしい表現などは、もっとわかりやすい自分の言葉に直す。したがって、課題文から文を抜き取って並べただけではいけない。

こうしたことを守りながら、前半か後半のどちらかに、課題文のメインテーマをしっかりと書き、前半に結論に至るまでの前提を、後半に筆者の結論を書くのが原則だ。場合によっては、逆に、前半に結論を書いて、後半にその説明を書くのでもよい。課題文の構成や字数などで、どちらを選ぶかを考えてほしい。

8 説明問題の書き方

長い課題文に設問がいくつかあって、その問一や問二で、「下線部の意味を200字以内で説明しなさい」などと求められることがある。また、「IT革命の意味を150字程度で説明しなさい」などの問題もある。だが、この種の問題を「小論文」と考えるべきではない。これは記述式問題と考えるべきだ。

記述式の書き方としては、数学の証明の要領で考えればいい。**はじめに結論を書いて、次にその理由を重要なものからそうでないものに並べるのが書きやすい**。要するに、新聞記事と同じ書き方をすればよいのだ。たとえば、「高齢化社会の経済的問題として、最も大切なものに、労働力が不足することが考えられる。その理由は第一に……。第二に……。第三に……」といった感じだ。

なお、国語の授業の影響で、設問に「なぜですか」とあると、「……だから」と締めくくる答案をよく見かける。字数が50字以内なら、一文で書いてもよいが、200字近く書く場合は、それではおかしい。200字近くを一文で書こうとすると、どうしてもだらだらして、わかりやすい日本語にならない。かといって、文が2つか3つあるのに、最後の文だけ「……だから」では、意味が通じない。

そこで、「なぜですか」と問われていたら、まずズバリと、「……なのは、……だからである」と書く。「……とは何かを説明せよ」と問われていたら、「……とは……である」と書く。そして、そのあとで、それを説明する形をとる。そうすることで、設問にきちんと答えながら、論理的でわかりやすい文章になる。

たとえば、「地球温暖化とは何か。150字以内で説明しなさい」という問いであれば、次のように答えるとよい。

「地球温暖化とは、二酸化炭素が増えて地球が温暖化することである。現在、エネルギー消費などのために二酸化炭素が増えている。このままでは、温室効果が進んで、地球全体が温暖化する。そうなると、北極や南極の氷が解けて世界中の平野が水没したり、温度の上昇によって農作物がとれなくなったりする恐れがある。」

9

清書する場合の注意点

裏づける

小論文の場合、必ず、自分の意見や主張に「裏づけ」をする必要がある。「情報化にはよくない面がある」と書いたら、どのような面でよくないのかをきちんと説明する必要がある。「ボランティアを行うのはよいことだ」と書いたら、ボランティアが社会や人にどのような影響を与えるか、なぜそれがよいと言えるのかを説明しなければならない。

また、抽象的なことを書いたら、具体的に説明する必要がある。それをしないと、決めつけているだけとみなされて、説得力のある小論文にはならない。

とはいえ、説明ばかり、具体例ばかりというのでは、小論文にならない。主張をしたり、抽象的な説明をしたりしたあと、読んでいる人が具体的にイメージできる程度の説明や具体例を加えるように心がけるとよいだろう。

1つに絞る

小論文の場合、字数が少ないので、イエス・ノーにいくつか根拠があっても、それをすべて書くことはできない。せっかく鋭い意見をいくつか思いついても、それをすべて書いたのでは、まとまりもなくなり、説明不足になる。できれば1つに絞って詳しく説明するべきだ。

イエス・ノーをあいまいにしない

「イエス・ノーは場合によるので、どちらとも言えない。しっかり考えて行動するべきだ」などといった結論を出して、イエス・ノーを中途半端にする人がいる。また、「イエス・ノーではなく、その中間が正しい」として妥協案を示す人もいる。なかには、自分の判断を示さずに、「いま、こんなことが問題になっているので、国民みんなで議論する必要がある」などと書く人もいる。しかし、それでは小論文として出来損ないだ。

もちろん、現実の社会では、イエス・ノーをはっきり言えないことが多い。中間の道を探ることも必要だ。だが、小論文というのは、これからどうあるべきか、どちらの方向が社会のあり方、人間のあり方として望ましいかといった理念について自分のしっかりした判断を示すものだ。それについてイエス・ノーを明確にする必要がある。

10 これだけはやってはいけない小論文のタブー

差別的なこと、過激すぎることは書かない

小論文に書いてはいけないことは、原則としてない。原則として、イエスの立場でもノーの立場でも、説得力があれば、よい小論文とみなされる。

ただし、差別的なことや過激すぎることを書いてはいけない。「外国人は生きる価値がない」「高齢者は役に立たないから死んでもよい」「すぐに戦争をするべきだ」「太平洋戦争にはまったく悪い点はない」などといったことを書くべきではない。そのようなことを書くと、人間性を疑われる。

当たり前すぎることは書かない

「法律で許されていないのだから、するべきではない」「法律で認められているのだから、してよい」などと書く人がいるが、それも小論文として出来損ないだ。

小論文というのは、法律で認められているかどうかではなく、自分の意見を書くものだ。「法律で認められていないが、正しいので、これを法律で認めるべきだ」といったように書くのが小論文だ。

流行語・俗語を使わない

「うざい」「キモい」「超―」などの流行語を使ってはいけない。

また、「大人だってしている」「本とか読む」「私は知ってる」「若者は本なんか読まない」「なので、これからは、福祉に力を入れるべきだ」などの俗語調を用いるべきではない。

もちろん、「大人でもしている」「本を読む」「私は知っている」「若者は本など読まない」「だから、これからは、福祉に力を入れるべきだ」といったように書かなければいけない。

また、「れる・られる」の使用にも気をつけてほしい。

ともかく小論文は、新聞に書かれているような、よそ行きの言葉で書く必要がある。

主観的な言葉は使わない

「すばらしい」「美しい」「私も、このようになりたい」「私は怒りを覚えた」などといった主観的なことを書く人がいる。もちろん、これでは作文でしかない。

小論文では、そのような感情的な感想を書くべきではない。小論文は、自分の意見を言って、それを客観的な事実で裏づける必要がある。

「です・ます」「呼びかけ」はダメ

小論文は、「私」という人称代名詞を使って、「だ・である」を用いて書くのがルールだ。「俺」「自分」「僕」などの人称代名詞を用いるべきではないし、「です・ます」を用いるべきでもない。「です・ます」は特定の人に呼びかけるときに用いる形だ。小論文は、不特定の人に向けて語る文章なのだから、「です・ます」はふさわしくない。

また、小論文は、いまも言ったように、特定の人に語る文章ではないので、「考えてみてほしい」とか「わかっていただけるだろうか」などといった呼びかける文章も書くべきではない。

一文を長くしすぎない

一文が長いと、だらだらしてしまうことが多い。また、主語と述語の関係がはっきりしなくなってしまうこともある。一文を短くして、主語述語のはっきりしたてきぱきした文章が、小論文にはふさわしい。一文が60字を超したら、要注意と思ってほしい。

弁解しない、偉そうにしない

ときどき、謙虚さを示そうとしてなのだと思うが、「私はこのようなことを言えるほど、知識はないが」とか「これまで、このようなことは一度も考えたことがないが」などと書く人がいる。また、「何が言いたいかわからなくなってしまったが」などと書く人もいる。また逆に、「このようなことをわめきたてている人がいるようだが、そのようなことを論じるのは愚かだ」などと偉そうな態度をとる人もいる。このような弁解じみたことを書くのも、偉そうに書くのも、両方とも小論文のルールに反する。

自分の意見に自信を持てずにいても、それを表に出さずに、冷静に、偉そうにすることもなく、堂々と書くのが小論文だ。

制限字数を守る

制限字数は絶対に守らなくてはいけない。「○○字以内」とあれば、必ず字数以内に書く。できれば、制限字数の90パーセント以上が理想だ。つまり、「８００字以内」であれば、７２０字以上を書くのが望ましい。しかし、80パーセントを超していれば、一応は許してもらえるだろう。

ただし、半分以下しか書いていない場合は0点にされる恐れがある。絶対にそんなことのないように気をつける必要がある。

また、「○○字以内」とされているのに、その字数を超した場合は、たとえ1字だけであっても、０点にされるのが原則だ。

「○○字程度」という場合には、プラス・マイナス10パーセントが望ましいが、20パーセント程度は許してもらえるだろう。「○○字〜○○字」という場合は、その字数の間なら、まったく減点の対象にならない。ただし、字数が多いほうが説得力が増すので、多く書くほうが得ではある。

もちろん言うまでもないことだが、「○○字」という場合、ごく特殊な場合を除いて、句読点やカッコ、あるいは段落がえによって生じた空白も字数に加える。

第2部

「書くネタ」編
これだけのネタで小論文が書ける！

第2部では「必読書」のなかで小論文を書く場合にとくに役立つ部分を紹介する。

課題文があるときには、そこで何が問題にされているのか、その背景に何があるかについて、ここに示されている知識を用いて考えると、理解が深まるはずだ。

また、自分の論を展開するときにも、ここで仕入れた知識を根拠として用いてほしい。「私は、課題についてノーと考える。なぜなら、背景に……という問題があるからだ」というように、小論文の「型」の第三部（展開）で本書の知識を使うと、うまくいくはずだ。太字で示したフレーズは、ほぼそのまま使えるキーフレーズだが、もちろん、自分なりの言葉に改めて、自分の考えとして書いてもかまわない。

ただし、課題がまったく無関係なのに無理にこじつけると、的はずれな文章になってしまうので、気をつけること。それに注意しながら、第2部を暗記するほど頭に入れておけば、知識を自由に使いこなせるようになるはずだ。

第2部

「書くネタ」編

初級

『ごみから地球を考える』

八太昭道◎岩波ジュニア新書

本書のエッセンス

地球環境問題が大きく取り上げられるようになったのは、かなり最近のことである。大気汚染や水質汚濁などの公害問題は以前から注目されていたが、それらはあくまで地域特有の問題とみなされていた。しかし、現在問題になっている地球温暖化やオゾン層破壊などは、地球規模での問題だ。国際社会が一致して取り組まなければならない緊急の課題にほかならない。

地球規模の問題だけに、なかなか身近な問題として実感しにくい面もあるだろう。だが、逆に言えば、地球に住む人間であればだれにとっても大きな問題であるのがこの問題だ。とくに、私たちがふだん生活をしながら毎日、当たり前のように出しているごみは、私たちの身のまわりにだけかかわりのあるものではない。ごみを処理する過程で排出される二酸化炭素は地球温暖化の一因になっているし、家電製品の粗大ごみがフロンを排出していることはよく知られていることだ。身近なごみが、私たちの知らないうちに地球温暖化やオゾン層破壊の一因になっていることをしっかりと認識しなければならない。

環境問題を考えるにあたって、ごみ問題に焦点を絞って、未来社会のあるべき姿をやさしく説いたのがこの本だ。実際に環境問題に携わっている著者が、ごみ問題は私たちに何を問いかけているのか、それを解決するためにはいかなる社会が好ましいかを、豊富な具体例を用いて、わかりやすく説明している。

1991年に出版された本であるため、現在は少し状況が変わっている部分もあるが(たとえばリサイクルは、この本が書かれた当時よりもずっと私たちにとって身近なものになっている)、基本的な問題提起はいまでも変わっていないだろう。

環境問題は人類にとって緊急の課題であるだけに、小論文においても頻出問題のひとつになっている。社会系だけでなく、理系・医療系でもしばしば出されるのがこの問題だ。しっかりとした知識と視点を身につけておく必要がある。

内容解説・使えるフレーズ

人間の生産活動は自然の循環を壊す

ここが使える

地球上の物質やエネルギーは、つねに循環していて、一定に保たれている。だが、**人間が資源を使ってつくり出した物質の大部分は、必ずごみとなって、地球上にたまる。**つまり、**人間の生産活動は自然の循環を壊してしまう側面がある**わけだ。

自然な状態では、動物と植物の間で炭素が循環して、地球上の二酸化炭素の量は一定に保たれていた。自然界にはもともと循環のしくみ（生態循環）が備わっていた。ところが、人間のエネルギー消費が増大し、石油や石炭などの資源を急速に浪費するようになると、二酸化炭素が排出され、その量が急激に増えた。一方、森林伐採、緑地の砂漠化が進み、二酸化炭素を減らす力が弱まっている。こうして、地球温暖化が問題になってきたのである。

このように、人間は石油のおかげで便利になり豊かになったが、それだけ温暖化が急速に進行し、地球全体が破滅の危機を迎えているという矛盾が生じている。

ここが使える

そして、何より注意しなければならないのは、**18世紀の産業革命以降、人間が生産し、**

消費する速度、つまり資源を使う速度が加速度的に速まり、ごみがたまる速度も速まっているるという事実である。

ごみが増えている原因

ごみが増えている背景には、経済効率の向上を基本原理とする現代社会のあり方がある。経済が発展して、モノを欲しがる人が増えたために企業は目新しい商品を次々に開発する。消費されなかった商品は、そのままごみになる。ほんの少しデザインや性能が違うだけの新製品が次々に発売され、まだ十分使えるテレビやビデオデッキやパソコンなどが捨てられていく。

また、**日本では核家族化が進んで世帯が増えているが、それもごみが増える原因になっている。**家庭が増えると、消費量も増え、必然的にごみも増えるわけだ。また、日本では自動販売機が普及しているが、それもごみのポイ捨ての原因にもなっている。

このように、現代社会にはごみが増える要因がさまざまに存在しているのだ。

ここが使える

リサイクルを徹底するシステムづくりを

ごみを減らし、地球環境を救うためには、リサイクルを徹底して、ごみを資源として再利用することが必要だ。たとえば、鉄はリサイクルを繰り返せば、何度でも再利用できる。しかし、現在ではまだ、リサイクルのシステムが十分確立されているとは言えない。回収には人件費などのコストがかかる割に、実際に回収できる量が少ないからだ。こうして、国内の鉄くずを買うより輸入するほうが安いということになって、ますますごみが増える。このように、**リサイクルの成功不成功には、経済の状況が大きくかかわっている。**

ここが使える

このような現状を打破するためには、企業にとって、新しい資源を買うよりごみを資源として再利用するほうが利益になり、リサイクル商品が新しい商品と同じように市場に受け入れられるような生産・販売のシステムをつくり上げることが大切だ。最近では、リサイクル商品であることを積極的にアピールする企業も増えているが、それは地球環境に配慮しているというメッセージとなって、企業にとってもプラス・イメージとなるはずだ。

ここが使える

ごみゼロ社会の実現に向けて

環境問題を解決する理想的な方法は、すべてのごみを資源として再利用する「ごみゼ

ロ社会」を実現することだ。そのためには、企業がごみを廃棄するより回収したほうが利益になるようなシステムをつくり上げ、現在の市場経済と自由競争のシステムが、地球環境の生態循環システムと共存できるような社会のしくみを考えなければならない。

しかし、**それと同じくらい重要なのは、私たち自身が生活スタイルを見つめ直し、変えていくこと**だ。現在、先進国ではモノが余っている。モノをどんどん生産し、消費するのではなく、モノを大切にしてごみをつくらないように考えることが大切なのだ。

また、**生産するということはごみを出すこと**だということを、くれぐれも忘れないことだ。私たちは仕事をするとき、いかに生産性を上げるかを考える。よりよく生きようとするために、資源を使い、地球環境を汚していくという矛盾のなかに、私たちは生きているのだ。ごみを減らすには生産を減らさざるをえないことも覚悟しておく必要がある。

また、ごみ問題の背景には、ごみを出す主体とごみをあつかう主体が違うという問題がある。ごみを処理するのは自治体の役割であり、自分とは関係ないと考えてしまうわけだ。そのために、ごみの問題がなかなか自分自身の問題にならないという側面がある。これからは、つねに地球全体のことを考え、ごみの問題を他人まかせにせず、毎日の仕事のなかで自分自身の問題として取り組んでいく必要があるだろう。

中〜上級

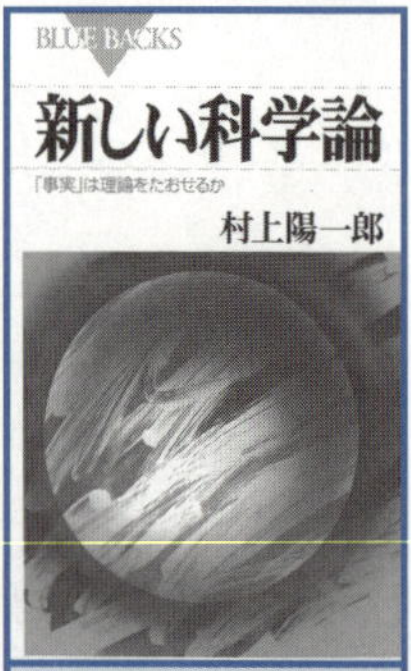

『新しい科学論』

村上陽一郎◎講談社ブルーバックス

本書のエッセンス

環境破壊には、さまざまな要因がある。しかし、その根本に、近代科学のあり方が深いかかわりを持っていることは疑うことのできない事実である。

現在、科学の価値が問い直されている。たしかに近代科学は、これまでめざましい成果を私たちにもたらしてきた。私たちの生活を便利にし、豊かなものにしてくれた。現代人が物質的に豊かでいられるのは、近代科学のおかげだ。また、合理主義や人間中心主義など、近代社会の根幹を支える価値観を裏づけてきたのも、科学の考え方だと言ってよい。

だが一方で、近年、科学の問題点が明らかになってきている。20世紀後半になって、核兵器や化学兵器の開発、環境破壊の進行など、科学技術の発達が引き起こす多くの問題が明らかになってきた。科学を絶対視する価値観は人間の非合理な面を抑圧し、切り捨ててきたが、いまやそのことの弊害が表面化しているのである。

それまでは、科学の進歩は絶対であり、科学技術が発達すればするほど私たちは幸せになり、明るい未来が開かれていると思われていた。ところが、人間の生活に対する科学の影響はプラスのものばかりではないことがわかってきた。そのため、科学は絶対ではないのではないか、と考えられるようになってきている。

そこであらためて、人間にとって科学とは何なのか、これからの科学はいかにあるべきかを考え直さなければならない――そのような立場に立って、従来の科学観を整理したうえで、現代にふさわしい新しい科学観を提示しようとしたのが、この本だ。内容的には高度な議論が展開されているが、できるだけやさしい言葉で、ていねいに、順を追って説明されていて、大変わかりやすい。

科学のあり方や、近代科学の問題点をあつかう問題は、難関校の文系・理系を問わず出題される。科学の問題は、もちろん近代の問題と切り離せない。それだけでなく、科学のあり方が認識のあり方に深くかかわっている点で、文化・言語の問題ともつながっている。その意味でも、科学の問題を理解することはきわめて重要である。

内容解説・使えるフレーズ

従来の科学観のまとめ

科学はつねに観察されたデータから出発する。データにもとづいて、何らかの仮説を立て、観察と実験によって、それを確認する。もし、その仮説に反するような別のデータがあらわれると、その仮説は間違いだということになって、そのデータも説明できるような新しい仮説が求められる。こうして、科学は少しずつ進歩して、真理に近づいていく。

ふつう、科学はこのように考えられている。だから、科学は客観的な真理であって、どんな人が発見したとしても、その人間のあり方とは無関係に成立するとみなされるのだ。

ここが使える

このような**従来の科学観の背後には、人間とは完全に独立した客観的な世界がまずあって、人間は感覚器官を通してそれを受け取っているだけだ、という認識がある。**間違った理論が生まれるのは、偏見や先入観のために自然を正しく見られないからで、ありのままに見さえすれば、正しく理解できる、というわけだ。ここから、科学は人間の持つさまざまな価値観から自由であり、中立であるべきだ、という見方も生まれた。

以上が、近代科学について、これまで常識的に受け入れられてきた考え方だ。

ここが使える

完全な「客観性」は存在しない

だが、**人間の目に見える世界は、純粋に客観的なものではない**。人間が見たり触れたり聞いたりする世界は、人間の身体の条件（人間の大きさ、目や耳の構造、時間感覚）によって限定されている。それに、「ものを見る」場合も、そのものを何らかのものとして認知し、そのものを理解し、それが何かを言葉を使って他人に伝えることができる、ということを意味している。つまり、**「事実」とは、そもそも人間に対して外から与えられたものではなく、人間によってつくりかえたもの**なのだ。

ここが使える

客観性というのは、私たちが何らかの「事実」を言葉によってお互いに「共通のもの」として分かちあうことができる、ということにほかならない。それが本当に事実であるとは証明できない。その意味では、**いつでもどこでも、だれにとっても完全に同じであるような「客観性」というものは存在しない**のである。

ここが使える

近代科学の誕生は宗教とかかわっている

また、「近代科学は宗教的な迷信を取り払うことで生まれた」というのも、間違った常識だ。現に**ガリレオやニュートンは、神が世界を整然とした秩序にしたがってつくり上**

げた、と信じていた。彼らは、そうした強い信念にしたがって、自然を探究した。**ガリレオやニュートンらが合理的な自然法則を発見できたのは、神への信仰があったから**なのだ。

18世紀の啓蒙思想において、近代科学を生み出したこうした信仰は忘れられ、自然の秩序の追究という側面だけが残された。そのために、近代科学はキリスト教文化のない西洋以外の地域でも受け入れられるようになった。現在の私たちが、科学を宗教とは無縁のものと考えているのも、そのためだ。

ここが使える

しかし、いま見たように、**近代科学の誕生は宗教とかかわっている**のである。

科学の変化は社会の変化と結びついている

ここが使える

これまで、科学理論は、客観的なデータ（事実）にもとづいてつくられるとされていた。しかし、むしろ理論が「事実」をつくり出すというほうが正しい。たとえば、酸素の気泡を目撃しても、酸素を「発見」したことにはならない。酸化についての理論を知って、気泡の現象をその理論のなかに置き直して、やっと酸素を「発見」することができる。

厳密に言えば、あることが科学的真理とみなされるということは、ある科学者集団がそれを客観的に正しいと考えているにすぎないということだ。逆に言えば、その時代の科学者集団に共有され、客観性を保証されていれば、その理論は「正しい」とされるのだ。

かつての科学理論の誤りが正されることがあるが、それは、かつての科学者集団が持っていた理論的前提に対して疑問が生まれ、物事が突然別の見え方をするようになるためだ。

ここが使える

こうした**科学理論の変化は、その時代の社会全体のものの見方の変化と密接に結びついている**。17世紀の物理学において「原子論」が登場したのは、当時のヨーロッパにおける「個人」の確立や近代的な自我の成立と関係がある。社会を成り立たせる個人について人びとが考えるようになったため、自然を成り立たせる原子に目がいったと言えるだろう。

このように、科学理論の変化は、その時代の思想と結びついているのだ。科学の歴史は、これまでは進歩の歴史とみなされてきたが、むしろ社会共同体の構造的な変化とともに変革されていった歴史だと言ったほうがよい。

ここが使える

近年の科学批判に対して「科学そのものが悪いのではなくそれを利用する人間のあり方が問題なのだ」と反論する科学者が多い。しかし、**科学はもともと人間の営みであり、人間のあり方を離れて中立的な科学などは存在しない**ことが、いままで説明したことでわかるだろう。それを理解したうえで、今後の科学のあり方を考える必要がある。

上級

『自然保護を問いなおす』

鬼頭秀一◎ちくま新書

本書のエッセンス

都会に住んで、「自然」とは切り離された生活を送っている人が、休日になると自然とのふれあいを求めて田舎に向かう。コンビニやレトルト食品が毎日の生活に欠かせないものになっている一方で、自然食品や有機農法の野菜が人気を呼んでいる。日常生活では「自然」からますます遠ざかっていきながら、「自然との共生」を謳い上げるという矛盾した事態が、現在起こっている。

その一方で、農業や漁業の仕事をしながら、自然の脅威にさらされて生活している人も多い。そうした人びとにとっては、「自然との共生」という言葉は空しく響く。

近代以降、人間は科学技術によって、自然をコントロールできると思い込むようになった。自然は、近代科学の力によって支配可能なものとみなされた。そのため、伝統的に守られてきた人間と自然とのかかわりが「非科学的」としてかえりみられなくなってしまったのだ。

環境破壊の現状が明らかになった現在、私たちはふたたび「自然との共生」を模索するようになっている。しかし、言葉だけが先行して、実際に何が問題になっているのか、そもそも「自然との共生」とはどういうことか、ほとんど理解されていないのが現状だ。

この本は、欧米を中心に展開されてきた環境思想（環境倫理学）が、これまでどのような経過をたどってきたかを説明しながら、人間と自然との全体的なかかわりにもとづいた新しい環境思想のあり方を提示している。環境破壊が進むにつれて、さまざまな自然保護思想が語られてきたが、それらが結局は西洋近代の考え方の枠内にあることを明らかにしつつ、人間対自然という図式にとらわれない新しい考え方がこの本では模索されている。

環境問題は、たんに社会的・経済的な問題ではなく、思想的・哲学的な背景をともなっている。「近代」や「科学」の問題とも大きなかかわりがある。そうした思想的な背景を把握し、環境問題を根本的に考えるためにも、ここで行われているような議論を理解しておくことは大切だ。

内容解説・使えるフレーズ

西洋近代の環境思想のまとめ

西洋近代になってから、人間は科学技術の力によって自然を支配し、自然を一方的に利用し、コントロールできると考えてきた。ところが、それが極限に達して、汚染が広まり、環境が破壊され、環境問題があらわれた。そして、自然を保護の対象として守るべきだとする自然保護思想が生まれた。

欧米の自然保護思想には、大きく分けて2つの立場がある。ひとつは、「人間の生活を守り、維持していくために、自然を管理・保護すべきだ。自然は人間に利用されることに価値がある。だからこそ、自然を守らなければならない」という考え方だ。

ここが使える

それに対して、「**自然は人間から離れてもそれ自体で価値があり、自然そのものの価値のために、自然を守るべきだ。たとえば、自然が人間に対して持つ価値や精神的な意味合いを大事にするべきだ**」という考えも一方にある。

1970年代以降、欧米では後者の立場に立って、さまざまな環境倫理思想が生まれてきた。動植物などにも人間と同じような権利を認めようとする考え方や、人間の自由や権利よりも地球全体の利益を優先すべきだとする地球全体主義、自然と同化して自己実現をめざすディープ・エコロジーなどが生まれてきたのである。

しかし、どちらの立場も、人間と自然を対立するものとしてとらえ、人間と自然との単純な二分法の上に立って議論している点では、変わりはない。**環境問題を考えるには、**

ここが使える

人間と自然という単純な対立図式を乗り越える必要がある。

人間対自然という対立図式を乗り越える

もともと、人間は自然に働きかけたり働きかけられたりといった相互関係のなかで生活してきた。狩猟採集や農業などの伝統的な仕事は、持続的に安定した生活を可能にするためにも、自然から一方的に奪うばかりではなく、自然と共生する必要があった。

つまり自然は、人間に対立するものではなく、人間の生活に深いかかわりのあるものである。その意味でも、自然とともに生活する伝統的な人間の営みを抜きにしては、環境問題を考えることはできない。

ここが使える

人間と自然を対立させる近代の考え方を乗り越えるには、人間と自然をそれぞれ独立して存在する実体と考えるのではなく、人間と自然のかかわりを全体としてとらえる考

え方が必要だ。人間が自然を破壊・収奪するとか、逆に人間が自然を管理・保護するといった一方通行のあり方ではなく、人間と自然の相互的な働きかけのなかで、両者の関係を考え直さなければならない。

人間と自然との全体的なかかわりを回復するには

ここが使える

人間は、もともと伝統的な生活のなかでは、さまざまなつながりを通して自然とかかわっていた。たとえば、東南アジアの先住民にとって、森林は生活の場であり、生活の糧を得るための資源を提供してくれる場でもある。それだけでなく、動植物を通して文化を成り立たせてくれる場であり、また宗教的な儀礼の場でもある。このように、彼らにとって森林は、文化や宗教も含めた総体的なかかわりを持っているのだ。

ここが使える

しかし、**近代になると、人間と自然との総体的なかかわりは切り離され、部分化されてしまった**。たとえば、私たちが毎日の食事で食べている食肉は、スーパーマーケットなどでパックの状態で売られているものだ。切り身のもととなった動物がどうやって育てられ、加工され、いかなる流通の経路を通って自分の手に入ったのかを、私たちはまったく知らない。生命の大切さといった文化的・宗教的な価値からも切り離されているわけだ。

ここが使える

人間と自然との全体的なかかわりを回復するためには、このような自然との社会的・経済的な、また文化的・宗教的なつながりのネットワークを回復することが必要だ。もちろん、かつての伝統的な生活をそのまま取り戻すことが大切なのではないし、現実問題としてそれは不可能だ。そうではなく、かつての生活を成り立たせていたような自然との全体的なかかわりを、現在の私たちの生活のなかでもう一度取り戻すことが重要なのだ。

自然と文化はつながっている

ある地域に住む人びとは、生活のなかで自然とかかわり、そうすることによって、固有の文化を築いていく。そのような文化は、決して固定的なものではなく、時間とともに変化していく。ある土地の文化が多様に展開し、永続的に発展していくためには、母体となる自然環境の豊かさ、多様性を残しておくことが必要なのだ。

ここが使える

自然が失われれば、文化も固定化され、貧困なものになる。たとえば、リゾート開発が終わってその土地がリゾートとしての意味を持たなくなると、自然は失われ、その土地の文化が貧困になることがある。そうならないように気をつけるべきである。

もっとネタを
仕入れたい人のための
プラスα

「環境・科学」

環境問題は、もともとさまざまな要因が複雑にからみあっていて、決して一面的にとらえることのできない問題だ。

たとえば、米本昌平**『地球環境問題とは何か』**（岩波新書）は、地球環境問題を国際政治の面から読み解いており、この問題の背景にある政治的側面に鋭く切り込んでいる。とくに、この問題が南北問題と深いかかわりを持っていることは、知っておいたほうがよい。急速な近代化を進めるあまりに環境破壊を余儀なくされる発展途上国と、それを抑制して環境保全を図ろうとする先進国との間の綱引きが、環境問題への国際的な取り組みに対して、大きな障害となっているからだ。

国内では、ここ数年来、循環型社会への転換に向けての法改正が進み、この問題に社会全体が取り組むようになってきた。リサイクルの意識も私たちに身近なものになってきたが、現在のリサイクルのやり方で本当に環境を守れるのだろうか――そんな根本的な疑問を投げかけながら、来るべき循環型社会の展望を明確に示しているのが、武田邦彦**『リサイクル幻想』**（文春新書）だ。循環型社会の理念をきちんと把握して、単純な「リサイクル万歳」論に陥らないためにも、一読の価値はあるだろう。

第2部

「書くネタ」編

初級

『国際関係がわかる本』

原康◎岩波ジュニア新書

本書のエッセンス

「国際化」という言葉が日本で広く使われるようになったのは、おそらく1980年代に入ってからだろう。バブル経済を迎え、日本が欧米に追いつき、追い越して、世界の先進国のトップに仲間入りした時期のことだ。国際社会の問題は決して海の向こうの問題ではない、私たちの身近な生活そのものに関係のある問題だ、という認識が広まってきたのも、この頃からだ。

とくに、80年代末に冷戦が終結してからは、それまでの国際社会のあり方は大きく変わった。ある国と国との関係の変化が、自国の政治や経済にも直接大きな影響を与えるようになったのである。

こうした動きは、それまでの国際社会では見られなかったさまざまな問題を引き起こしている。一国の政治や経済の変化が国境を越えて影響を及ぼし、国家を越えた地球規模での問題があらわれている。日本も、そうした世界の大きな動きのなかに巻き込まれ、激しい変化の渦中にあると言っていいだろう。

人文系や社会系の小論文でも、国際化や新しい国際関係をめぐる課題文がよく出題される。この種の課題文は、どうしても時事的なテーマが取り上げられることが多いが、それを読み取るためにも、その背景にある現在の国際関係のあり方をしっかりと理解しておかなければならない。

そんな国際化をめぐるさまざまな問題を理解するために必要な基礎知識を、わかりやすく整理・紹介しているのがこの本だ。「国家」とは何か、外交の作法や国際社会のルールはいかにあるべきか、といった基本的な問題から、冷戦後の新しい国際秩序のあり方まで、具体的な事例にそってわかりやすく説明されている。1999年に刊行された本であるため、最新の世界情勢には対応していない部分もあるが、この本を読むことで、最近の国際問題についてもその背景が的確に理解できるようになるだろう。

内容解説・使えるフレーズ

冷戦後の2つの大きな世界の流れ

第二次大戦後、世界はアメリカを中心とする西側の資本主義諸国と、旧ソ連を中心とする東側の社会主義諸国という2つの陣営に分かれて、軍事的・経済的に対立していた。ところが、1989年にベルリンの壁が崩壊すると、東側諸国が次々に民主化して、旧ソ連まで解体されてしまった。こうして、戦後の世界体制を支えてきた東西の冷戦が終わり、それにかわる新たな国際秩序のあり方が、現在も模索されている。

ここが使える

冷戦が終わった現在、世界には2つの大きな流れがある。ひとつは、民族自立の動き、もうひとつは、国際協調の動きだ。

旧ソ連や東欧諸国が民主化をきっかけに次々に分裂して、新しい国々が独立し、民族自立の動きが強まった。冷戦下では東西対立という大きな枠組みがあったため、国内問題や民族・宗教の対立が隠されていたが、冷戦が終わってそれらが表面に出てきたわけだ。とくに、イスラム諸国には、アメリカを中心にした国際政治に反対して、激しい抵抗をしているグループが存在する。そのため、世界中にテロが広がっている。

その一方、地球規模での問題が起こってきたために、それに対応するため、国境を越えて国際協調を強めていこうとする動きがある。これまでは、国家権力を無視して国際機関が国家内の活動をすべきではないとされていたが、この新しい動きのために、イラクやカンボジアのように紛争が続く国では、国家主権の一部を国際機関が肩代わりすることが増えている。

経済のグローバル化がもたらす影響の大きさ

ここが使える

国際政治の動きの背景には、経済のグローバル化がある。つまり、交通・通信技術の革新によって、人やモノの移動が速まり、経済活動は国境を越えるようになったわけだ。

現在の世界は、貿易なしではやっていけない。国どうしが、モノやサービスを交換して、足りないものを補いあっている。だが、このように**世界の国々が経済の上で依存しあうようになると、一国の問題がほかの国の国内問題に直接影響を及ぼすようになる。**ある国の政治問題は、別の国にも影響する。こうしたことが国際関係を複雑にしている。

ここが使える

また、コンピュータが発達して、何百億ドルというお金が一瞬のうちに地球上を動くようになっている。ある国の経済が不安だという情報が流れると、世界中の投資家がその国の通貨や株式を、コンピュータを使って売ろうとする。すると、その国の為替相場や株価が一瞬で急落する。こうした**国境を越えた巨額の資金の移動が、通貨金融危機を起こして、世界中に経済危機を拡大していく**ことになる。

ここが使える

新しい国際秩序に向けてのさまざまな取り組み

冷戦後の世界は、政治的にも経済的にも国境を越え、一国では解決できないような地球規模の問題があらわれている。そのため、国際社会はさまざまな取り組みを進めている。

現在、核兵器の保有国は五大国（アメリカ、ロシア、イギリス、フランス、中国）に制限されているが、それを不公平だと考えて核実験を繰り返している国がある。核軍縮をいかに進めるかが、平和外交の大きな課題になっている。

その一方で、テロの脅威が広がっている。とくにイスラム教過激派がキリスト教やユダヤ教の価値観に反対して、無差別テロを行っている。そのために、国際的なテロ対策の必要性が高まっている。

ここが使える

また、**人権は国家主権より重要だという認識が国際的に広まっている**。そのため、アメリカなどの国では、権力者が国民を抑圧している国に圧力をかけて、外交的・軍事的な手

ここが使える

段でそのような弾圧を解決しようとする考えが強い。だが、**人権保護を名目に他国の問題に口を出すアメリカなどの態度を、内政干渉だとして反発する国も多い。**

南北問題に対する取り組みも大切

また、先進国と発展途上国との経済格差（南北問題）は、グローバル化によってますます広がっていて、もはやその国だけで解決することはできない。そのため、日本をはじめとする先進国は発展途上国に対して多額の援助をしてきたが、一部の途上国では、独裁者が援助資金や開発事業を独占するなどの問題もあり、援助資金がその国の国民に行き渡っているとは言えない現状がある。

ここが使える

援助する国は援助を受ける国の民主化を助けるために、学校や病院を建てたり、先生や医者を派遣するといったことも必要だ。**国際援助をする場合は、たんにその国を経済的に助けるだけでなく、その国の民主化を進めて国際秩序を安定させたり、技術援助によって人づくりや環境保全に貢献したりといった、国際社会の共存共栄を図ることが必要だ。**

国際関係

上級

『グローバリゼーションとは何か』

伊豫谷登士翁◎平凡社新書

本書のエッセンス

1980年代の日本では、「国際化」の必要性が大きく叫ばれていた。それが、90年代に入ると「グローバリゼーション（グローバル化）」に変わった。ここには、たんなる言葉の変化以上のものがある。

「国際化」という言葉は、たとえば「日本の国際化」というように、一国の変化をあらわす言葉として使われることが多い。そこでは、国（国家）という単位がまずあって、国家を越える問題は国家間の関係の問題としてとらえられている。その根本にあるのは、国と国との関係が積み重なって世界が成り立っている、という考え方だ。

それに対して、「グローバル化」という言葉では、国境を越えた世界全体の変化が問題にされることが多い。まず世界という大きな枠組みがあって、国家はその構成要素にすぎず、国と国との関係も世界全体の構造的な変化のなかにあるとみなされる。

ＩＴ化が進み、経済のボーダレス化が加速して、情報も商品もあっという間に全世界的に広がってしまう現在、国境はもはや大して意味を持たなくなったと言われる。その一方で、民族紛争は激しくなり、毎年のように新しい国が生まれているという現状がある。こうした国際情勢をあつかった課題文を読み取るためには、グローバル化に対する理解は欠かせないだろう。

グローバル化の現象は、政治・経済・文化などのさまざまな面であらわれている。だが、それらの背景には、ひとつの大きな流れ、とくに経済活動の世界的な変化がある。この本は、そんなグローバル化の本質について、総合的な観点から論じている。専門用語が説明抜きに使われ、具体例に乏しいので、受験生には読みにくいかもしれない。しかし、重要なポイントは繰り返し説明されているので、生硬《せいこう》な記述を気にせずにじっくり読めば理解できるはずだ。この本を読むと、わかりにくい国際情勢のニュースもかなり整理できるようになるだろう。

内容解説・使えるフレーズ

グローバル化による「国家」の変化

近代以降、輸送通信手段の発達によって世界の距離が縮まり、人とモノの交流が飛躍的に増大して、世界中の地域と人びとが結びつくようになった。そして、西洋がほかの地域の植民地化を進めるにつれて、西洋の白人を頂点として、世界の人びとの集団が序列化されるようになった。つまり、近代はもともとグローバルな性格を持っていたわけだ。

グローバル化によって、こうした近代の特徴的なあり方はますます推し進められ、ここが使える **欧米の規範や価値観がグローバル化によって世界中に広まった**。国家は、こうしたグローバリゼーションを促進するように再編成される。その**反面、ボーダレス化が進むことによって、国家というものが絶対的なものではないことが明らかになり、欧米中心の近代的な価値観が疑われるようになっている**ことも見逃してはならない。

多国籍企業がグローバル化に影響を与えている

ここが使える **経済のグローバル化に大きな影響を与えているのが、多国籍企業だ。**

日本を含めた先進国の企業は、労働コストを下げるために、賃金の安い発展途上国に工場をつくろうとする。発展途上国は、経済発展のために先進国の企業を受け入れる。こうして、（ここが使える）**発展途上国は、多国籍企業の世界戦略のなかで、いわば国際的な下請け機関となり、多国籍企業はその国の社会に直接影響を与えるようになっている**。

企業の活動はもともとグローバルな性格を持つものであるが、近年の情報技術の急速な進行によって、国境を越えた企業活動はますます拡大している。国内市場と国際市場の区別がなくなり、国家の決定が経済活動にそれほどの影響力を持たなくなった。政府の政策決定よりも、巨大企業の決定のほうが世界中の人びとに影響力を持つようになっているのである。（ここが使える）**多国籍企業は、いまや各国の政府以上の力を持ち、限られた数の巨大企業の世界戦略が、世界の経済や政治、文化まで動かすようになってきている**のが現代なのだ。

また、経済のグローバル化のために、膨大な移民労働者が国境を越えて移動している。そのため、労働も国際的な競争にさらされるようになり、国内の労働者の就業も不安定になった。賃金の格差が国境によって固定されているために、先進国の企業は賃金の安い国から労働者を得ようとするのだ。つまり、国境の存在によって、企業は安定した労働力を確保しているわけだ。

グローバル化が生み出す新たな貧困

ここが使える

グローバル化は、世界的な規模で新たな貧困をつくり出している。グローバルなものに近づけた人とそうでない人の間で差ができているわけだ。先進国の富裕層が、生活様式や価値観を、国境を越えて共有しているのに対して、グローバル化に取り残された人びとは、仕事もなく、他者と結びつくこともなく、不安にさらされて生きていくしかない。

ここが使える

グローバル化によって、従来の南北格差が拡大されただけでなく、先進国や発展途上国の内部でも、新たな格差が生み出されている。

また、かつては福祉や教育や医療は、国家が責任を持って行っていた。ところが、グローバル化によって、そのようなものまでも企業にまかされることが多くなり、安くて質のよいものを提供するような競争が行われるようになった。そのため、そのような競争に負けた人は質の高い福祉や教育や医療を受けられなくなる。つまり、

ここが使える

グローバル化によって、戦後の福祉国家体制が崩れてきているのだ。

また、これまで女性の無償労働によって担われてきた家事や老人の介護なども、企業にまかされるようになった。そのため、家族の解体が進んでいることも見逃してはならない。

グローバル化とナショナリズムのかかわり

グローバル化が進むにつれて、グローバルな文化や商品（たとえば、ハリウッド映画やポピュラー音楽、ファッションやスポーツ、ディズニーランドのようなテーマパークなど）が世界中に流通するようになった。それらが与える擬似体験は、人びとのアイデンティティーを支える共通経験のかわりとなり、そのため地域共同体や世代間のつながりがさらに急速に解体していった。

ここが使える

しかし、だからといって、国境を越えた共同体が形づくられることはなく、**グローバル化に取り残された人びとはグローバル化の動きに抵抗して、逆に民族的な意識を強め、愛国的なナショナリズムを強める**ことになる。

ここが使える

新しいナショナリズムは、しばしば外国人移民の排斥を主張している。外国人労働者によって雇用を奪われた人びとの、不安定な雇用に対する不安が、それを支えている。**グローバル化に対する抵抗としてのナショナリズムは、他者を排除して、新たな差別や対立を生み出すことにしかならない**だろう。偏狭なナショナリズムに陥ることなく、グローバル化を準備した近代のあり方そのものを根底的に批判する必要がある。

国際関係

もっとネタを
仕入れたい人のための
プラスα

「国際関係」

現代のグローバル化は、本質的にはアメリカ化だ。冷戦終結後の世界は、唯一の超大国アメリカを軸にして動いてきた。とりわけ、9・11の同時多発テロ以降の世界は、「アメリカ」の問題を抜きにして考えることはできない。また、「政治・経済」の項目で紹介する佐伯啓思**『新「帝国」アメリカを解剖する』**（ちくま新書）は、「アメリカ」の問題を通して、現在の世界文明の核心に迫ろうとしたものだ。グローバル化の本質を理解するためにも、ぜひとも押さえておきたい1冊だろう。

現在の世界では、民族紛争が多発している。それらの背景にあるのは、いうまでもなく民族問題だ。国際化・グローバル化の状況を把握するためにも、民族問題の理解は欠かせない。とはいえ、単一民族と言われている日本人には、民族問題を現実の問題としてとらえることはむずかしい。21世紀研究会編**『民族の世界地図』**（文春新書）は、民族問題を理解するのに必須な、民族の成り立ち、歴史や宗教、現在の民族紛争の背景などについて、簡潔に、総括的にまとめている。この本を読めば、民族問題の全体像についておおよそのところをつかむことができるだろう。

第2部

「書くネタ」編

初〜中級

『和英対訳　日本の心Ⅰ・Ⅱ』

新日本製鐵株式會社広報室編◎丸善ライブラリー

本書のエッセンス

日本文化の特質は何か、日本人の国民性はどういうものか、というテーマは小論文試験によく取り上げられる。したがって、そうしたことについては、もちろん知識を得ておく必要がある。

ところが、日本文化をテーマにした本はたくさんありすぎて、かえって困る。いろいろな著者が独自な見解を述べていて、どこまでが一般的に指摘されていることなのか素人にはなかなか区別がつきにくいからだ。

その点、この本は有益である。各分野の専門家が書いた日本論、日本文化論のさわりを集めてまとめているからだ。つまり、全体がエッセンスからできていて、日本論を論じる素材としては、これだけで用が足りてしまうのである。

全体を通読すると、日本論についての通説、つまり一般的にここまでは妥当な見解だとされていることを知ることができる。日本人の宗教観や和の精神、禅や武士道、茶の湯や古典芸能、日本文学や明治維新などのおなじみのテーマだけでなく、経済成長や労働観、教育や情報化社会なども出ている。内容が濃く、使い道の豊富な本である。

この本のもうひとつの特徴が、英文と対訳になっていることだ。日本人が日本文化についてあらためて説明しようとすると、意外にむずかしいことが多い。たとえば、日本人が観光に来た外国人に尋ねられて、夏祭りのみこしについて説明しようとしても、なかなかうまく説明できない。日本人にはあまりにも自然な風景で、何が疑問なのかわからないのだ。

その点、英文で書いてある日本文化紹介の本を見ると、外国人に何をどう説明すべきかがやっとわかってくる。英文との対訳は、ムード的な主張になりがちな日本文化論を普遍的な言葉で定義して、論理的に説明するのに役立つ。

「和の精神」とか「地鎮祭」といった言葉を、英語で何と説明しているのだろうか。そう考えて対応する英語のほうもちらっと見てゆくと、思わぬ発見があるかもしれない。

内容解説・使えるフレーズ

世界にも珍しい日本人の宗教観

「あなたの宗教は何ですか？」と尋ねられても、日本人は満足に答えられないことが多い。「自分は無宗教だ」「関心がない」と答える人が珍しくない。しかし、そういう人も新年には初詣に出かけ、彼岸には墓参りをする。天満宮に参拝する受験生や車に成田山のお守りをつるすドライバーも多い。

ここが使える

日本人は、現世のことは神に願い、仏教は世俗を超えた死後の世界にかかわるというように、神道と仏教とをうまく使い分けている。キリスト教のようにひとつの神しか信じない一神教の人からすると不思議に思えるだろうが、日本人の宗教意識を基準にすると一神教こそが不思議なのである。

ここが使える

神道の神に向かうときには「清らかな心」になることが求められる。それは、**自然のままがよく、人為的なものを嫌うという日本人の意識**のあらわれである。そのような傾向は、人の世をわずらわしく感じ、無常を説き、世俗を逃れて欲望を解消するという仏教の人生観につながる。

このように、日本人は自然を理性的にとらえようとするのではなく、自然の清らかさと一体になろうとする。たとえば日本人に好まれる宗教に禅があるが、禅では精神を集中し、自然と合一した状態に至るための修行が行われる。禅の境地は、剣の達人や忍者の精神統一にも応用されてきた。

ここが使える

欧米人はロゴス（論理や理論）を重視するため、欧米人の右脳はロゴス脳と言われ、言語、思考、計量を司っているが、日本人の右脳はイメージ脳と言われ、物のイメージと言葉とがひとつになって記録されているという。ロゴス的な思索によらず、直観的にイメージとして把握する禅の思考や、日本人の自然に対する感覚はそれと関連している。

敗北に美学を見出す日本人

コロンビア大学の日本研究の教授、アイヴァン・モリスによると、**成功ではなく没落の姿に美しさを見るのが、日本人特有の性格**であるという。このことは、日本人の好む英雄像に見て取れる。日本人に人気がある源義経や楠木正成は敗北した人間である。勝利者、成功者である源頼朝や足利尊氏は、あまり好まれない。

ここが使える

日本人が愛する英雄は、誠を貫こうとして、成功のために必要な術策や妥協を使おう

日本文化

としない人物である。「誠」とは精神と動機の純粋さであり、実益を軽蔑する道徳的潔癖さである。日本人は、その英雄の行為にどのような現実的な効果があったか、どれほど有効であったかにはあまり関心を持たない。むしろ現実的には意味がないほうが好まれる。

その反面、**成功と業績が重視される西洋では、英雄というのは、自分の主義主張を実行して勝利した人物**である。実益を重視する現実の世界で価値があると、評価される。西洋では、ナポレオンを称賛する人も、ワーテルローでの敗北以後についてはほとんど語らない。それに対して日本人は、義経が政治的陰謀の犠牲となり破滅していく姿に共感する。「誠を貫く」ために破滅をよろこんで受け入れる態度を見て感動するのが、日本人なのである。

日本文学の特徴は

日本文学の特徴だと言えるのが、随筆というジャンルである。これは、西洋のエッセーと見かけは似ているが、性格はだいぶ異なっている。

たとえば、随筆の古典『枕草子』を見てみると「春はあけぼの、やうやうしろくなりゆく山ぎは……夏はよる……」とあるように、**日本の随筆は季節や風景を美的感性の対象**

としている。『徒然草』では、自然に身を委ねた状態で無意識に書くことでかえって鋭い考察ができる、という態度が示されている。

それに対して西洋では、モンテーニュの『随想録』にしろ、パスカルの『パンセ』にしろ、形の上では無秩序であっても、明確な意図を持って分析し追求する論理性に貫かれている。四季の風景に対する感傷などは、ほとんど見られない。

つまり、日本人は自然を調和的な秩序とみなして、一瞬の美的感動に永遠の相を見るという手法を洗練させていった。日本の随筆は、雰囲気、ある瞬間における感じから生まれてくるのである。随筆は、感受性を示すためのもので、論理的な分析が示されることはほとんどない。そこには、感覚やイメージを重視する日本人の思考パターンがよくあらわれている。

ここが使える

随筆と同じことが詩についても言える。**俳句は、刻々と過ぎていく瞬間を結晶化し永遠の世界へ飛躍させるもの**である。俳句に限らず日本の詩は、日常のささやかな発見、季節の移りかわりによって示される微妙な感覚を描こうとしているのである。そのような日本の詩は、抽象的な思索を論理的な枠組みのなかでとらえようとする西洋の詩と、根本的に異なると言ってよいだろう。

日本文化

中～上級

『タテ社会の人間関係』

中根千枝◎講談社現代新書

本書のエッセンス

日本社会の特徴や日本人の国民性の特質として「集団主義」であるということがよく言われる。しかし、「日本的集団主義」とはどういうことか、とあらたまって聞かれたときに、きちんと説明できる人はどれくらいいるだろうか。

この本は、日本社会の特徴をきわめてわかりやすくモデル化した、その種の議論の古典的なものである。「日本論の不朽の名著」と言われて、読みつがれてきたロングセラーであると言ってよい。

この本によると、日本社会の特徴は次のようなものである。

日本では、ある「資格」を持っているかよりも、「場」を共有しているかどうかによって集団がつくられる。そのため、人は「ウチの者」と「ヨソ者」に二分されることになる。外部に対しては非社交的になり、内部の者の間では直接接触が重視される。接触の長さが大事なので、集団の内部にはタテの序列がつくられることになる。

集団のボスに求められるのは、人の和を保つ調整役であり、したがってリーダーシップはあまり強くない。理より情（契約・ルールより人、論理より感情）が重視されるので、日本人は議論が下手である。これらの背景には、たぐいまれな日本社会の単一性がある。日本（日本人）のよい面も悪い面もこのようなモデルから生じる。

この本がはじめて世に出たのは１９６７年であり、40年近く前のことである。さすがに現在では少し古びたようなところも感じられ、この本で描かれている「日本人」は現代の日本人と違うのでは、と思えるところも少しはある。しかし、見かけは違っても、やはり同じ枠組みで説明できることは多い。

また、現在の日本が変化したとしたら、どこがどう変わったのか、それを明らかにするためにも、この本のモデルが役に立つ。だから、この本は、一度は読んでおく価値のあるものだ。

内容解説・使えるフレーズ

日本では「資格」ではなく「場」によって集団がつくられる

どの社会でも、人は「資格」か「場」のどちらかによって、ある社会集団に属している。「資格による集団」というのは、「同じ資格を持つ人でつくられる集団」である。たとえば、職業集団や血縁集団、カースト集団などが、それにあたる。これらの集団に属す人びとは、同じ場にいるとは限らないが、同じ職業、同じカーストであるということで、同じ資格を持った人どうしで仲間意識を持ち、連帯しようとする。

それに対して、「場による集団」というのは、「同じ場に集まる人でつくられる集団」である。つまり、教授や事務員、学生というさまざまな資格を持つ者を「○○大学関係者」とまとめたものが、場による集団である。このような集団に属す人びとは、同じ場を共有する人どうしで連帯し、仲間意識を持つ。

ここが使える

「資格」と「場」のどちらが優先されるか、あるいは同等か、ということは、社会によって異なっている。正反対なのが日本とインドである。インドでは「資格」による集団であるカーストが根強いが、逆に**日本人は非常に「場」を重視する**。すなわち、**日本では**

「資格」ではなく「場」によって集団がつくられるのである。

その証拠に、日本人は自己紹介するとき、記者であるとか、エンジニアであるとかよりも、A社の人間であると言う。他人が知りたいのも、まずA社かB社かというような、どの「場」に所属しているかであって、記者かエンジニアかという「資格」はその次のことである。

ここで注意しなければならないのは、「資格」による集団の場合は自然にまとまりができるが、**「場」による集団では自然にまとまりは生まれない**ということだ。もともと同質性のない者が集まっているので、そのままではたんなる群れにすぎなくなる。

そこで、枠内の成員に一体感を持たせることが必要になり、「われわれ」というグループ意識と外に対する対抗意識が強調されることになる。そのため「ウチの者」と「ヨソ者」という意識が強くなる。**日本人の排他性や社交的でないことも、自然にまとまりが生まれない「場」によって集団がつくられていることと関係している**。

ここが使える

タテ組織の特徴は「序列主義」と「能力平等観」

日本のような「場による集団」では、人間関係の強弱は、接触の長さ、強さに比例す

る。それによって集団のなかでの個人の位置が決まる。

ここが使える

人間関係が接触の長さによって築かれるため、組織にタテの序列が生まれ、全体が年功序列的、つまり「タテ社会」になる。「新入り」が一番下であり「親分―子分」や「先輩―後輩」といったような序列が組織に生まれるのだ。

序列意識が強いために、日本では能力主義は根づかない。後輩が先輩を飛び越えるようなことは好まれないからである。能力主義をとるには個々人の能力の判定が必要だが、日本では能力差に注目しようとしない。

ここが使える

伝統的に日本人は「働き者」「なまけ者」というように努力差には注目するが、「だれでもやればできる」という能力平等観が根強い。能力平等観に立てば立つほど、序列が重視される。能力平等観と序列偏重は相関関係にあるのだ。

しかし、能力平等観は個々人に自信を持たせ、努力を惜しまずに続けさせるという長所もある。そして、タテの序列のために、努力した者は上昇できる。だから、日本社会では努力次第で上の階層に行けるしくみになっている。日本社会の可動性の強さは戦後にはじまったことではない。

契約・ルールより人、論理より感情が優先される日本社会

ここが使える

タテ集団では、成員が契約やルールによって集団に加わっているのではない。人と人との直接のつながりによって集団に加入している。そのため、**日本人は契約やルールを尊重する意識が欠如する**ことになる。ひとつの目的のために集められた組織はうまく機能しない。逆に、すでにある丸抱えの集団が何かを請け負うと、リーダーが平凡でも大きな成果をもたらすことがある。

ここが使える

日本は感情的な人間関係が重視される社会だ。そのため、日本社会では論理よりも感情が優先される。日本人は、気の合った者どうしの間では無防備な会話をして、感情的な共感を楽しめるが、知らない者との会話は実に下手である。

知的な学問の世界にあっても、論理的な議論が成り立たず感情問題になってしまうのが日本社会の特徴だ。仲間ほめとヨソ者への攻撃が横行している。論理的な批評が成り立たず、評論家と著者との人間関係や感情によって議論が左右される。会議の場でも、参加者は序列に応じた発言をする。不必要な賛辞に時間を費やすか、あるいは逆に感情的な非難になりやすい。

ここが使える

日本人は論理より感情を優先するので、きちんとした議論ができず、生産的な対話や討論というものが成り立たないのである。

日本文化

もっとネタを
仕入れたい人のための
プラスα

「日本文化」

『和英対訳　日本の心Ⅰ・Ⅱ』には紹介したところ以外にも見所が多く、ネタの宝庫である。たとえば、Ⅱに収録されている「日本人の精神構造」も使える。

「日本人の精神構造」によると、日本人の特徴は自我不確実感から生じているという。日本人は自我が不確実なので、対人関係において自己主張が弱くなる。しかし、そのことは反面「思いやり」「やさしさ」など、対人関係の調和を心がける傾向ともなる。また、自我不確実感を克服しようとすることで、研究心、仕事熱心などの傾向も生まれる。この指摘は、日本人の特性を統一的にうまく説明していると言えるだろう。

また、日本論の古典のひとつに、山本七平**『日本人とユダヤ人』**（角川oneテーマ21）がある。この本は、約30年ほど前（1970年）にイザヤ・ベンダサンという著者名で発表されて、大ベストセラーになったものである。ユダヤ人から見た日本人論というのが目新しく、「日本人は安全と水がタダだと思っている」「ユダヤの伝統では全員一致の決定は無効だ」などの言葉が話題になった。余力があれば一読するとよいだろう。

第2部

「書くネタ」編

初級

『体験ルポ　世界の高齢者福祉』

山井和則◎岩波新書

本書のエッセンス

これからの日本は本格的な高齢化社会になっていく。それだけに、高齢者福祉というのは、福祉問題の大切なテーマだ。

福祉について鋭い論を展開するためには、実際の福祉の現場の様子や、世界各国での福祉の現状についても、知識をしっかりとつけておかなくてはいけない。底の浅い知識で福祉問題を論じると、現実離れした理想論になってしまう恐れがある。この本にはさまざまな高齢者福祉の現実が描かれているので、具体的な論にするための助けになるだろう。

現在の日本の状況を見ると、物質的には世界一とも言えるほど豊かになったが、高齢者福祉の面から見れば、日本は非常に後進的だ。日本の老人は、生きがいをなくし、4人相部屋の老人施設に閉じ込められ、いわば、寝たきりの状態になるように仕向けられている。日本では、社会にモノがあふれているにもかかわらず、高齢者の人間の尊厳が脅かされ、人間としては豊かに老いていくことができないという皮肉な現実がここにある。

一方、福祉先進国と言われるスウェーデンでは、税金は日本とくらべてかなり高いが、その分、政府による高齢者福祉が充実している。国民は老後もそれまでと同じように人間としての尊厳を保ちながら、豊かな生活を営むことができる。だからスウェーデンには、老後に対して不安を持つ人は少なく、寝たきりになってしまう高齢者も少ない。

両国の高齢者福祉の違いを考えていくと、その問題の根は、国民性の違いや、政治の問題といった、より大きな問題に行き着く。

この本が刊行されたのは1991年であるため、介護保険など、最新の日本の制度上の変化についての記述はないが、ここで書かれていることのほとんどは現在の日本にも当てはまる。

これからの日本は、本格的な高齢化社会の到来を前にして、政治・制度といった大きな観点からの高齢者福祉制度の改革を行わなければならないと、この本は警鐘《けいしょう》を鳴らしているのである。

内容解説・使えるフレーズ

日本の高齢者福祉の悲惨な現実

日本人の平均寿命は世界一だが、日本人の高齢者の自殺率も世界一である。物質的には世界一と言えるほど豊かな日本だが、高齢者福祉に関しては、まだまだ非常に後進的だ。

ここが使える

いまの日本は老いにくい国、不幸な老後が待っている国になってしまっていると言える。

日本の老人ホームや、老人施設では、寝たきりの老人の数が非常に多い。まだ歩けるのに寝たきりにされてしまい、オムツをつけて一日中ベッドの上で暮らし、生きがいもないという高齢者がたくさんいる。そのために早く痴呆が進行してしまい、最後は点滴などの管だらけになって、高齢者自ら介護者に「死にたい」と懇願する。そのような悲惨な状況が日本の高齢者福祉の現実なのである。

ここが使える

日本の寝たきり老人は、まだ健康でいられるのに、社会制度が寝たきりになるように仕向けている側面がある。 1人の介護者が25人の高齢者を担当しなくてはいけないような、苛酷な勤務状況があるため、患者をベッドに縛りつけて拘束するのだという。5人の老人が徘徊したら、手に負えなくなってしまうからベッドに縛りつけるわけだ。

もっと制度が改善されたら、もっと質のよい福祉ができるのに、と現役のヘルパーたちは口をそろえる。実際、介護に携わる人びとの待遇は驚くほど悪い。少し前までは、月6日の夜勤をこなし、高齢者の排泄物にまみれながら働いても、時給600円ほどで、スーパーのレジ打ちのパートよりも安かった。**介護者の奉仕精神・自己犠牲に期待するだけでなく、待遇面の改善をもっと真剣に考えないと、充実した介護サービスは生まれない。**

では、なぜ日本の高齢者福祉はこれほど後進的なのか。**日本の高齢者福祉が後進的なのは、日本人の昔からの敬老精神にもとづく介護意識が原因**である。日本では、高齢者は、家族が面倒を見るのが当然で、他人の手にまかせるのは恥という風潮があった。そのため、在宅介護で必要以上にがんばってしまって、社会による福祉制度を発達させてこなかったのである。

しかし、敬老の心や家族愛に頼る在宅介護は、平均寿命の伸びや核家族化の進行などによって限界に来ている。これからは家族だけでなく、病院や施設、ヘルパーや訪問看護師といった、社会が提供する福祉とあわせて高齢者を支えていく制度づくりが必要だ。

世界の高齢者福祉の現状

このように悲惨な状況にある日本の高齢者福祉とくらべて、福祉先進国と言われる国では、高齢者福祉の現状はどうなっているのだろうか。

イギリスやスウェーデンでは、日本とくらべると高齢者の自立心が高い。年寄り扱いされて手を出されるとむしろ怒る。人間の尊厳を保ち、人生を主体的に生きている。日本の高齢者のように、家族に甘えようという依存心がなく、自分の健康は自分で守らなければならないと考えている。そういうわけで、寝たきりになる人は少なく、高齢でも老後をいきいきと生きている人が多い。

ここが使える

だが、こうした**高齢者の自立は、意識を改革するだけで簡単に成しとげられるものではない。制度面での福祉政策の充実があって、はじめて可能になる**ものだ。

たとえば、スウェーデンの老人ホームでは、日本の2倍以上の費用と職員で介護が行われ、そのために寝かせ切りでない人間的な介護が行われている。デンマークの老人ホームは、日本のようなプライバシーのない4人相部屋ではなく、完全個室で、家具の持ち込みも自由、どのような生活を送るかも自由だ。

ここが使える

もちろん、**福祉先進国では、社会福祉を充実させるために税金はかなり高くなってい**

るが、国民は貯金する必要がなく安心して暮らせる老後のために、重税を受け入れている。これは、これらの国が、日本とは逆に、家庭で介護することに早い段階で限界を感じ、老後の社会福祉を政府にまかせることにしたためだ。

政府に社会福祉をまかせ、重税を受け入れるには、国民が政府を信頼している必要がある。払った税金がきちんと福祉にまわされ、自分たちの老後に還元されることを国民は信用しているから、高い税金も払う。逆に日本では、国民が政府を信頼していないので、高い税金を払うことに抵抗がある。

高い税金を払っても、どうせ不要な公共事業にまわされ、福祉には還元されないだろう、と国民は半ば諦めている。そのため、日本に社会福祉はなかなか根づかない。日本人は政府より銀行を信用しているので、老後のためにコツコツ貯蓄に励む。だが、つねに老後に不安を感じながら貯蓄に励むような人生が、人間として豊かな人生と言えるだろうか。

ここが使える

日本の福祉が変わるには、政治レベルでの大きな変革が必要だ。税率を上げることになっても、社会福祉制度を充実させる必要がある。制度をきちんと充実させないまま、家庭の介護力や、福祉施設の職員の自己犠牲精神に期待するような根性論の福祉を続けていては、これからの日本の高齢者福祉に決して明るい未来は開けないであろう。

初～中級

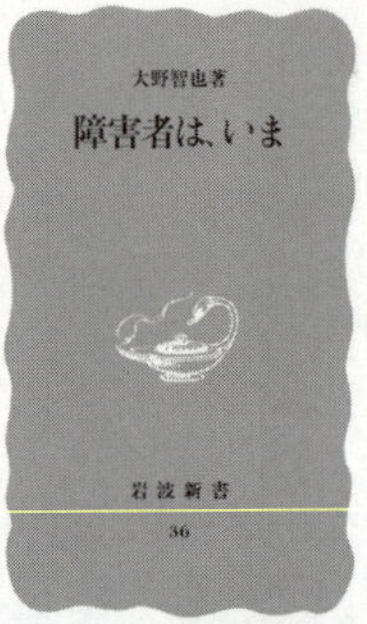

『障害者は、いま』

大野智也◎岩波新書

本書のエッセンス

福祉の問題を考えるとき、障害者に対する福祉は大きなテーマだ。私たちは、障害者に対して、どのようにふるまえばいいのか、また、障害者自身は何を望んでいるのか。人間にかかわるテーマなので、はっきりした正解はないが、どのような方向をとるべきかをできるだけ具体的に考えていく姿勢が、社会福祉系の小論文では求められる。

私たちのなかにある障害者への偏見は根強い。障害者に理解のあるつもりの人でも、ふとしたきっかけから、つい偏見をのぞかせたりする。障害者施設が自分たちの街に来るということになったら、反対運動が起こることも多い。また、障害者自身も、自分から閉じこもってしまって、積極的になれない場合も多い。偏見が障害を生み出しているという側面を意識し、偏見を取り去り「心のバリアフリー」を心がけていく必要がある。

障害者の問題で大切なのは、障害者を施設や家庭に閉じこめ、社会から隔離しておくのではなく、障害者も積極的に世の中とかかわっていけるような社会をつくることだ。そのためにとくに大切なのが、障害者の教育と就労の問題だ。

また、障害者にとっては、階段の段差など、社会のさまざまな設備が障害となる。そうした障害をなくし、日常生活で障害者も不便を感じない、人間としてふつうの感覚で暮らしていける社会を築いていくことは、障害者福祉の理想だ。そのような、だれにとってもやさしい社会を目指す概念、すなわちノーマライゼーションやバリアフリー、ユニバーサルデザインといった用語は、ぜひしっかりと理解しておきたい。

障害者が健常者と同じように自立し、ふつうの暮らしを営み、主体的に人生を楽しむことができる社会こそ、豊かな社会だ。そのためにはどのような努力が必要なのか。何が障害となって、いま、どんな取り組みが行われているのか。この本ではそれらのことがわかりやすく説明されている。これ1冊で、障害者福祉について幅広い知識を得ることができるだろう。

内容解説・使えるフレーズ

変化する障害者の定義

北欧諸国とくらべ、日本では障害者と認定されている人が少ない。北欧諸国は、軽度の障害から幅広く障害者と認めているのに対し、**日本は重い障害でないと障害者と認定しない**。日本が障害者福祉に力を入れていない証拠である。**まだまだ日本の障害者福祉は後進的**だ。

ここが使える

また、障害者の定義は社会状況によって変化する。昔は、知的障害があっても、農業や漁業では立派な働き手だった。しかし、機械化が進んだために、機械が操作できない彼らは障害者扱いされるようになった。**現代社会の機械化・複雑化が、それについていけない人たちを新しく障害者にしてしまっている**わけだ。

ここが使える

障害者への偏見をなくすためには

いまの日本では、以前にくらべ、障害者が街に出やすくなったし、街中で見かける障害者の数も増えた。しかし、それを単純に喜ぶことはできない。

建前はともかく、本音では障害者を歓迎していない傾向が日本人には強い。たとえば、障害者施設は必要だが、自分たちの街につくられるのはいやだ、というような意識だ。理屈では障害者を受け入れていても、感情面では抵抗・偏見が根強い。**障害者福祉の充実には、障害者と自然に交流ができるような意識を社会に浸透させる必要がある。**

ここが使える

そのヒントになるのが、ある小学校での取り組みだ。障害児学級と合同で遠足に行った普通学級の子どもたちは、最初はいやがっていたが、障害児たちとふれあって「また行きたい」と言いだすほど気持ちが変わったという。ふれあいが大切なのだ。**たんなる知識ではなく、ふれあいを通じた体験を持つことで、障害者と健常者の距離は近くなる**はずだ。

ここが使える

また、自ら障害を体験してみるのも効果的だ。車椅子に乗ってみたり、目隠しをして歩いてみるなど、実際に体験してみないと障害者の感じている世界はわからない。こうした**自己体験の積み重ねが、障害者への理解を深め、偏見を克服する近道**である。

ここが使える

障害者の教育と雇用をうながす社会づくりを

障害者の自立に欠かせないのが、障害者の教育と雇用である。最近では、障害者の普通学校への編入も増えてきたが、無理な編入は、障害者が周囲にとけこめなかったり、周囲のレベルについていけずに孤独感を味わったり、不幸な結果をもたらす。**大切なのは、普通学校か養護学校かということではなく、そこで障害者自身がどう受け入れられ、自己実現ができるかということ**だ。何よりも、障害者自身の声に耳を傾けることが大切だ。

ここが使える

障害者の雇用についてはさらに厳しい。しかし、労働は障害者にとって、非常に大切なことだ。ささいなことでも**労働をすることで自分が「役に立っている」と確認でき、誇りを持てる。**社会はそのことを理解し、**たんに利潤を生むための労働だけではなく、障害者の自立をうながすための労働に対しても、もっと理解を示すべき**だ。

ここが使える

障害者の暮らしやすい街づくりを

障害者が日常生活を快適に送れるような街づくりをすることも重要だ。障害者は電車やバスの乗り降り、街中の段差に不便を感じる。そうした、障害者にとって障害（バリア）となるものを取り除こうという考え方が、バリアフリーである。

さらに最近ではバリアフリーより一歩進んだ、ユニバーサルデザインの考え方も出てきている。**ユニバーサルデザインとは、最初から障害となるようなものをつくらず、だれにとってもやさしい街づくり、ものづくりをするという考え方**だ。階段を例にとると、

ここが使える

階段をスロープにするのがバリアフリーの考え方で、最初から段差をつくらないのがユニバーサルデザインの考え方である。

障害者の自立が大切

ここが使える

ノーマライゼーションとは、どのような障害者でも特別視しないで、ふつうの人間として暮らす権利を保障する考え方で、障害者福祉の基本理念だ。そのためには、障害者の自立が欠かせない。

これまで障害者は家庭で、学校で、病院・施設で管理されてきた。しかし、障害者もこれまでの管理された生活から脱して自分の生活を選び、主体的に人生にかかわることが大切である。日本の親は、自分たちが元気なうちは面倒を見るという気持ちが強すぎ、それが障害者の自立の妨げになっているという側面がある。親が若く元気なうちに離れることを意識しないと、親・障害者ともに高齢となったときは悲惨だ。

ここが使える

障害者も健常者と同じように独り立ちが求められる。そのためには、**障害者への偏見のない社会、教育や雇用の保障のある社会、障害者が生活しやすい街づくりなど、トータルな意味での障害者福祉の充実が、どうしても障害者の自立には必要**なのである。

上級

『ボランティア　もうひとつの情報社会』

金子郁容◎岩波新書

本書のエッセンス

小論文の試験で、ボランティアについての出題が増えている。だが、ほとんどの人が、ボランティアをきちんと理解していないのではないだろうか。この本はそのような人に対して、ボランティアの理念や、ボランティア活動をする人びとの心を描いて、ボランティアの本質を説明している。

本のなかでは、ボランティアを通じて新しい喜びを見出した人びとが紹介されている。ボランティアに取り組む気持ちが真剣であればあるほど、彼らはいきいきと輝いている。ボランティアは、そこに身を投じた人でないとわからない不思議な魅力を持っているのだ。

現代では、ボランティアには報酬が支払われないため、一段低いものとみなされる傾向がある。現代社会は、すみからすみまで経済法則が支配している社会だ。お金を稼ぎ出さないものには価値はないと考える人が多い。だからボランティアは軽んじられている。お金が支払われる労働のほうに価値があるというのが、世の中の常識だ。

しかし、もともと、社会は人と人とが互いにかかわりを持ちあうことによってつくられていた。人と人とがかかわりあいを持つことを基本とするボランティアは、少なくとも、経済至上主義が強まるまでは、人間にとって本質的なものだった。

ボランティアで得られるものは、お金ではない。相手に感謝してもらえた、相手との新しい関係性が築けた、自分の行動が他人に思わぬ影響を与えた、といった主として精神的な満足が、ボランティアの報酬である。だが、こうした精神的充足は、人間にとって、本当は金銭的な充足よりも大切なことなのではないだろうか。現在の日本は、経済優先のために、心の豊かさを失ったと言われるが、ボランティアは新たな豊かさのきっかけを与えてくれる可能性がある。

この本に書かれているのは、ボランティアの未来だ。この本を読んで、理想論でなく説得力のあるボランティア論が展開できるようになれば、とくに福祉系の小論文で、鋭いものが書けるようになるだろう。

内容解説・使えるフレーズ

ボランティアってなに？

ここが使える

ボランティアとは、自分以外の人が困っているときや、自然破壊などに対して、それを「他人の問題」とせず、自分も関係する問題と考えて、状況を改善しようとする行為のことである。そして、**ボランティア活動をする人は、自分を取り巻くさまざまなことを他人事にできない意識構造の持ち主**なのだ。

ボランティアに自ら進んで身を投じる人は、はたから見ると偽善的に見えるかもしれないが、ボランティアには喜びがある。それは、ボランティアをすることによって、世界が違って見えてくること、これまでとは違う関係性のなかに身を置く喜びである。

ボランティアには新しい社会とのかかわり方のヒントがある

私たちが生きている現代は、人生の充足感を得にくい時代だ。現代社会は、流通システム、金融システムといった、すでにでき上がっている巨大システムによって動かされている。現代社会ではシステムの巨大さにくらべて、個人のできることは限られており、システム全体にかかわることはできない。そうした状況を前に、私たちはしばしば、無力感を覚えたり、達成感を得られなかったりする。

ここが使える

そんななかで、**ボランティア行為に身を投じるということは、この巨大システムの束縛から逃れる機会を与えられるということ**だ。ボランティアは、経済的な見返りを求めるものではなく、組織に従属しているものではないから、巨大システムの束縛から自由だ。

ここが使える

ボランティア行為のなかでは、個人それぞれが組織の歯車ではなく、主体的に世界とかかわることができる。

このことは「鉄の檻《おり》」とも比喩される現代の巨大システムの閉塞感から脱し、新しい形での社会とのかかわり方が可能になることを意味する。そのための窓口となるのが、ボランティアなのだ。

ボランティアは相互依存の世界観で成り立っている

近代の社会になると、人間は一個の労働力として、社会の巨大システムにしたがうようになり、経済至上主義の価値観が世界に広まってきた。しかし、人間の社会は、もともとは違う原理で成り立っていた。すなわち、人間の社会はもともとは相互依存の考え方の上に成り立っていたのである。

近代以前、人びとが地域共同体の形をとって暮らしていた時代は、この**相互依存の考え方が社会の基本であった。ボランティアもまた、この相互依存の関係性を基本としている。**困難を抱えている人が、国籍・人種など自分と同じグループに属していなくても、自分たちとどこかで相互につながっていると考えて積極的にかかわっていこうと考えるのが、ボランティアの考え方だ。個人が自分の決められた地位・役割に埋没しがちな現代社会のなかで、ボランティアはより大きな広がりを持っているのだ。

ここが使える

ボランティアのかかえる自発的パラドックス

ボランティア活動をする人は、しばしば「自発的パラドックス」に陥ると言われる。

たとえば、貧しい国に行ったある人が、ひとりの物乞いに、いくらかの金銭を与えたとする。すると、たくさんの物乞いの人に囲まれ、さらにたくさんの金銭を要求されることになってしまうことがある。**自ら進んでとったボランティア的行為によって、自分自身がより大きな責任を背負い込むことになってしまう。このことをボランティアの自発的パラドックスという。**

ここが使える

だが、真のボランティアとは、この自発的パラドックスをも楽しむ人だ。ボランティアによって、自分自身をもともとの状況より苦しい状況に置くことすらも楽しむ。それはいままで自分が安住していた関係性とは別の、新しい関係性の発見である。自ら保護された状況から抜け出すことを選択し、その先に待ち受ける意外な展開を楽しむ精神が、ボランティア精神だ。

ここが使える

ボランティアの報酬は精神的な充足である

ボランティアの報酬は金品ではない。**ボランティアの報酬とは、相手と新しい関係性を持てた喜びや、自分の行動の価値を、他人から感謝されるなどの形で新しく発見してもらえた喜びなどの、精神的な充足**である。

私たちは、何事も近代の経済至上主義の尺度で見てしまうが、そのことは私たちが内的な豊かさを得る機会を自ら閉ざしていることを意味している。ボランティアは、経済性に縛られない、もっと本質的で豊かな世界へ私たちを導いてくれる可能性を持った行為なのである。

「福祉・ボランティア」

最近、街でバリアフリー化された設備を見ることが増えた。バリアフリーとは、高齢者や障害者にとってバリア（障害）となるものを取り除くという福祉の考え方である。バリアフリーが徹底すれば、だれもが暮らしやすい街が実現する。

光野有次**『バリアフリーをつくる』**（岩波新書）では、バリアフリーの実例が、大きなものから小さなものまで、細かく説明されている。ノンステップバス、車椅子のままで取り出せる自動販売機、寝たきりの人を起き上がらせる椅子など、多くの実例が紹介されていて勉強になる。シャンプーのキャップについているギザギザが、目の不自由な人のためのものだったことなど、日常生活で目にしながら私たちが気づかなかった、身体の不自由な人への配慮なども書いてあり、興味深い。この本を読めば、バリアフリーに関しては、豊富な実例のストックができあがるのは間違いない。

また、岡本祐三**『高齢者医療と福祉』**（岩波新書）も、これからの高齢社会において、医療はどうあるべきかについて、くわしく説明され、考えさせられる面が多い。福祉系に関心のある人はぜひとも読んでおいてほしい本だ。

第2部

「書くネタ」編

中級

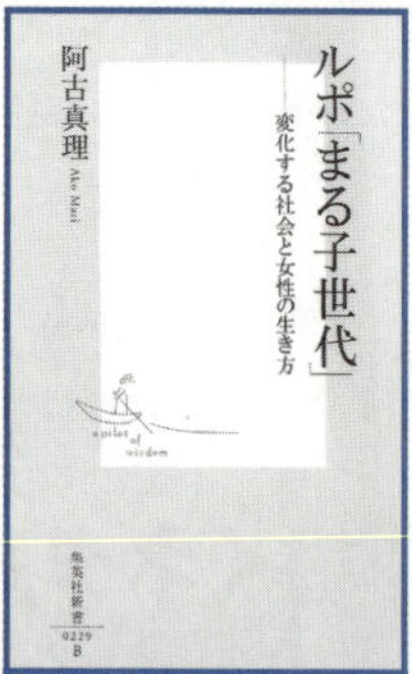

『ルポ「まる子世代」』

阿古真理◎集英社新書

本書のエッセンス

現代は女性の時代だと言われるようになった。男女雇用機会均等法が成立し、女性の感性を取り入れていくのがブームであるかのように言われている。だが、はたして、いまの女性たちは、職場・家庭において幸福な生活を送っていると言えるのだろうか。とくに短大などの入試問題では、女性の生き方が問われる小論文が出題される場合が多い。そのため、女性が現代の生活のなかでかかえる問題点を理解しておくことが大切だ。

この本のタイトルになっている「まる子世代」とは著者の造語で、国民的人気漫画『ちびまる子ちゃん』を読んで育った世代の女性を指している。具体的には30代後半の女性たちである。この世代の女性たちは、男女雇用機会均等法が施行された時代に社会に入った第一号であり、一般職でなく総合職として企業に入社した女性たちも数多く含まれる。

だが、そうした女性たちの生き方を取材するなかで浮かび上がってくるのは、理想と現実のギャップである。立ちはだかる男性社会の厚い壁は、結局、女性たちを男性の補助的な仕事に縛りつけていった。また、不況の影響で労働環境は悪化し、余裕をなくした社会のしわ寄せが、労働者に押しよせている。男性たちも苦しんでいるが、社会的にはより弱い立場に置かれている女性たちは、さらに苦しんでいるのである。

一方、主婦となって家庭に入った「まる子世代」の女性たちも苦しんでいる。育児ストレス、うわべだけの主婦たちの付き合い。核家族化が進んで、周囲には相談にのってくれる人もいない。「まる子世代」の主婦には、「母親」の役割の演じ方がわからず、家庭のなかで息がつまるようにして暮らしている人も多い。

現代の女性の生活と、その問題を見ていくことで、現代社会のゆがみが見えてくる。もはや、女性は会社では男性のサポートをし、家庭では専業主婦としての役割を果たすといった古い女性観の時代ではない。女性たちがもっと人生に幸福感を見出せる生き方の形を、模索する必要がある。

内容解説・使えるフレーズ

男女雇用機会均等は幻想だ

ここが使える

男女の雇用に差別をなくすことを目的とした男女雇用機会均等法が施行されてかなり経つが、その理念が現場に十分に反映されているとは言いがたい。**企業の現場では昔ながらの女性軽視の考え方がぬぐいきれていない**。いまでも、女性の仕事は男性をサポートすることで、女性が事務職として働くのは当然だ、という古い考え方が一部には残っている。

男女雇用機会均等法の施行によって、事務的な仕事をする一般職ではなく、総合職として働く女性が増えてきたが、実際には、突然事務職にまわされたり、重要な会議のメンバーからはずされたり、男性とくらべて一段低い立場であつかわれていることがほとんどだ。

女性の仕事とされる事務職は、会社を支える重要な仕事だが、男性たちからは、まだまだ「女の子でもできる簡単な仕事」と見られていて、それが女性たちの勤労意欲や向上心をそいでいる。男性と同じように大きな企画の仕事にかかわりたいと思っても、女性というだけの理由で、その機会も、そのための教育も受けられない。そうした男社会の企業のなかで、自分を認めてもらおうと男性以上にがんばって、燃え尽きてしまう女性も多い。

ここが使える

現在のOLたちは、おしゃれ、グルメ、旅行とお気楽に生活をしているように見えるが、それは仕事でいくらがんばってもチャンスがないという諦めからきている。また、企業にも女性たちを戦力として見ず、女性の力を活かそうとする発想がこれまでなかった。本人の努力不足というより、社会の側が女性を補助的な役割に押しこめてしまっている構造があるのだ。

女性を取り巻く厳しい労働環境

労働観には、男女差が大きい。男性は定年まで働くことを前提にキャリアを考えるが、女性はそこまでの覚悟で働くのではなく、結婚・出産などの理由で、いつ仕事をやめるかわからないことが多い。その立場を利用し、

ここが使える

企業は女性を腰かけの労働力として見て、労働に見合った待遇を与えていない。企業は女性を都合よく利用している面がある。

92年に育児休業法が制定されて、1年間の育児休暇が労働者の権利として与えられるようになったが、実際には仕事が忙しく、なかなか育児休暇はとりにくいのが現状だ。育児休暇をとれたとしても、思うように職場復帰できず、やむなく退職していく女性も多い。

また、パートや派遣社員という働き方を選ぶ女性も増えている。子育てのためとか、不

況で正社員として就職できなかったなど理由はさまざまだが、企業はパートや派遣社員を使い捨ての便利な労働力という感覚で使う。身分は不安定で交通費すら自前という不利な労働条件にもかかわらず、リストラで減らした社員の補充として考えられ、キャリアの蓄積もないのに社員並みの働きを期待される。

ここが使える

企業にとって、パートや派遣社員は、教育や保険、解雇上の責任のない「企業においしい」労働力なのだ。多くの女性たちが、パートや派遣社員として働きながら、自分たちの仕事は割に合わないと感じている。

こうした労働者をかえりみない企業の体質には問題がある。企業は長期的な視点に立って業務のあり方を見直したり、ゆとりある人員配置をするべきだ。

ここが使える

女性が安心して子どもを産める社会の実現や、若者の失業問題を解決するためには、企業が目先の利益だけを考えるのではなく、女性や若者が働きやすいサポート体制をつくることが急務である。

家庭のなかでも女性は苦しんでいる

家庭に入った女性たちも、苦しんでいる。主婦を選んだ女性たちは、働いている同世代と比較して「自分にはこれといってできることがない」という達成感・充足感のなさに苦しめられている。**主婦業も立派な労働という見方もあるが、いまの日本社会では、収入がない大人を半人前扱いする社会の雰囲気が強く、心理的圧迫感は大きい。**

ここが使える

育児ストレスの問題も深刻だ。「子どもとの一対一が苦しい」と訴える主婦さえいるのには驚かされる。これは**地域社会が崩壊し、各家庭がそれぞれのプライバシー空間にこもる傾向が強くなったため、主婦が不満のはけ口を持てなくなっている**ためだ。専業主婦が働きたいという欲求を持つのは、夫の収入減もたしかにあるが、息のつまる家庭からの解放を望んでいる場合も多い。幼い子どもと母親だけの世界に風穴を開けることが必要だ。

ここが使える

大人も「自分探し」をする現代

最近、「自分探し」をする若者が増えているが、「自分探し」は若者だけの特権ではない。会社組織が個人を抑圧する側面をますます強めている昨今、組織に所属しないで自分にふさわしい生き方を選ぶ人が増えている。**大人も「自分探し」をしているのが現代**なのだ。

ここが使える

だが、問題は、そうした独立心の強い人を受け入れない体質が、日本社会にあることだ。社会や企業の側も目先の利益や女性への偏見から抜け出し、変わっていかなくては、人びとが幸福感を持って暮らせる社会は築けないだろう。

初～中級

『反「人権」宣言』

八木秀次◎ちくま新書

本書のエッセンス

「人権」という言葉を耳にする機会が増えた。子どもの人権、女性の人権……人権とは少し異なるが、報道の自由に関する権利、知る権利など、現代人の権利意識が高まっているのは間違いなさそうだ。

人権は、私たちにとって必要不可欠な考え方である。人権は、個人が生きていくうえで当然守られるべき権利であり、平和な社会生活を送ることを約束してくれるものだ。ただ、注意しなければならないのは、人類のこれまでの歴史のなかでは、人権すらなかった時代のほうが長かったということである。人権は、人類が長い歴史をかけて獲得した、思想上の発明品なのだ。

しかし、最近問題となっているのが、人権意識の行き過ぎだ。個人のわがままを通そうとして人権という言葉を用い、そのために他人の人権がおびやかされるという矛盾が起こっている。

たとえば、最近、少年がらみの凶悪犯罪でも、よく被害者の人権が軽視されて、加害者の人権が擁護されるという奇妙な現象が起こっている。被害者の名前は顔写真つきで公開されるのに、加害者のほうは「少年A」や「加害女児」なのはどうしてなのか。人権が不当な要求や、自己正当化のための道具のようにあつかわれて、本来の機能を失ってきている。その結果、私たちは人権を手放しでよいものと考えることができなくなってきているのだ。

この本は、人権思想がどのようにして生まれたか、人権思想にどのような問題点があるのかを論じている。ただ、この本はタイトルからもわかるように、人権思想を否定する立場に立っている。これをそのまま用いたら、小論文の議論としては客観性のないものになる恐れがあるので、注意してほしい。著者のような考えがあることを知ったうえで、自分はどう考えるのかを、つねに考えながら読んでみてほしい。考えながら読むことは、自分の思考力・論理力をきたえる格好のトレーニングになるのだから。

内容解説・使えるフレーズ

いま人権は誤解されている

人権の思想は、近代ヨーロッパにおいて誕生したが、「人権は、自律した強い個人に与えられる」という前提条件があった。しかし**現代では人権が拡大解釈され、個人の要求をどこまでもかなえてよいという思想に変わってしまっている**のである。どんな人格に対しても人権が適用されるようになったわけだ。いつの間にか無制限に適用されるようになった人権が、さまざまな問題を引き起こしているのが現代だ。たんなる個人のわがままや、理不尽な要求に、思想的な根拠を与えるものとして人権思想が用いられる場面が増えている。

ここが使える

しかし、**人権は無軌道な欲求を正当化するための道具ではない。人間がだれにもおびやかされることなく、当たり前に市民生活を享受するための思想が人権**なのである。

ここが使える

人権の持つ意義を回復するために、私たちは現代の人権思想を見直す必要がある。

子どもの権利と教育の荒廃はつながっている

人権を子どもに当てはめて考えると、子どもに自己決定をさせようという考え方になる。

ここが使える

しかし、**子どもも大人並みの権利を持っているとする考え方は、進歩的であるように見えて、子どもは成長の過程にある存在だということを忘れている**のではないだろうか。

子どもは、まだ自己を確立した存在でなく、十分に成熟した自己判断を下せるとは言えない。だから、子どもに大人並みの人権を与えると、「茶髪・ピアスを校則で認める権利」「つまらない授業は受けなくていい権利」などの、たんなるわがままが生まれてきてしまう。こうした意見が、子どもたちのなかだけではなく、子どもの権利を擁護する大人たちからも出てきて、それが社会的な影響力を持つようになったのは問題だ。

ここが使える

現代の教育の荒廃は、まだ発達段階にある子どもを大人と同列に考え、自己の権利を振り回させたことにも一因があることを見逃してはいけない。

ここが使える

人権は、一人前に責任を果たせる大人になったときに、はじめて完全な形で保障されるべきもので、それまでは制限が必要だ。これは子どもの人権を否定しているのではなく、人権に制約があったほうが、子どもはきちんと育つと考えるためである。教育は、一般社会とは違い、制限や規律をともなうもので、そのなかで子どもは自制心を学ぶ。自制心のない人間を増やす教育を続けていては、人権の濫用は止まらなくなる。

少年法が掲げる人権思想の落とし穴

とくに少年犯罪の場で、被害者の人権は軽視され、犯罪を起こした加害少年の人権ばかりが尊重されるという、理屈に反する逆転現象が起こっている。

この奇妙な逆転現象は、現行の少年法の掲げる理念に原因がある。**少年法は、少年に厳罰を与えるのではなく、更正・教育することを理念としている。**加害少年の人権を守り、社会から保護しようとしているのだ。しかし、少年法が掲げる人権思想は、少年の犯した犯罪の重さを軽視している。だから、刑務所に送られることはないと考えて、安易に犯罪を起こしてしまう少年もあらわれはじめているのだ。

少年事件の増加は、親や社会が子どもに甘くなり、子どもが自己抑制する術《すべ》を持てなくなったことに原因がある。その事態に対して、少年法までが犯罪を起こした少年に甘い人権思想で対処していたら、少年犯罪はなくならない。**犯罪を起こした少年に厳しく対処することが、犯罪被害にあう一般の人びとの人権を守ることになる**とも言えるのだ。そうした当たり前の人権思想に立ち返ることが必要だ。

人権思想の行き過ぎは家族の崩壊をも招く

人権思想によって、日本の家族制度は古い「家」制度から自由な個人への解放と考えられることが多い。たとえば、ジェンダーフリー、男女共同参画の考え方は、とくに女性の解放を求め、古い「家」制度に縛られていた女性を家事労働から解放し、女性の自立・労働者化をめざす。

ここが使える

この人権思想の長所は、女性が手にする自由・解放感だが、短所もある。それは、**女性の自立を進めすぎると、家庭の機能が低下する**ことだ。子どもを生育する場としての家庭の能力が低下し、子どもの成育過程に悪影響が出ることが問題視されている。

実際、人権思想が行き過ぎて、自分の人生を楽しむことにばかり熱心で、育児を放棄したり、虐待をしたりする親が増えた。もちろん親にも自分の人生を楽しむ権利はあるが、子どもにも家庭で保護され、養育される権利がある。そのことを重視しなくてはならない。

これまで見てきた人権の問題は、自分の人権を守ることに執着するあまり、他人の人権を軽視することによって発生するものであった。

ここが使える

今後は、自分の人権だけでなく、他人の人権も尊重する心の余裕・視野の広さが必要だ。そうしてこそ豊かな人権社会が達成されるだろう。

もっとネタを
仕入れたい人のための
+α《プラス》

「女性・人権」

人権の思想のなかには、私たちの「知る権利」も含まれている。その知る権利にもとづいて、2001年4月より、情報公開法が施行された。情報公開法とは、国会や地方自治体などの政府の行政機関が、求めに応じて情報を開示・公開することを義務づける制度である。その情報が例外事由にあたらない限り、政府側は請求を受けた情報を公開しなくてはならない。情報公開法は、民主主義の腐敗を防ぐために、なくてはならない、国民の政府に対する監視制度であると言える。

松井茂記**『情報公開法』**（岩波新書）では、そんな情報公開法について、さまざまな面から説明がなされている。日本より先に情報公開法が実施されたアメリカでは、情報公開制度は、どのように法的欠陥を改善し、成熟していったのかなど、これからの情報公開のあり方を考えるヒントになる。

また、人権に関する最も大きな問題に「死刑制度」があるが、それについては、菊田幸一**『死刑廃止を考える』**（岩波ブックレット）を読むと役に立つ。この本は死刑廃止の立場から書かれているが、死刑制度について考えるときのヒントになるだろう。

第2部

「書くネタ」編

中級

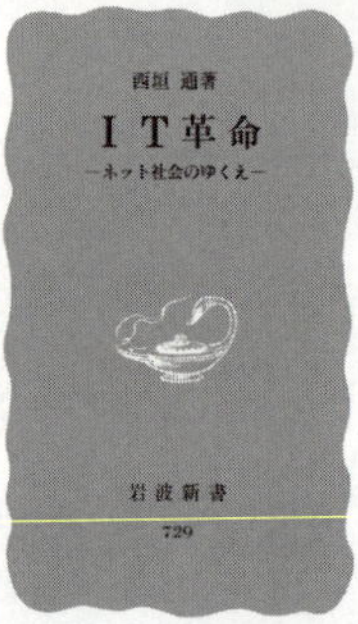

『IT革命』

西垣通◎岩波新書

本書のエッセンス

情報化社会やインターネットをあつかった本で、小論文に役立つものは少ない。書店に並んでいる本の大多数は、技術の解説やマニュアル類である。それらの本では、カタカナやアルファベットの略語が洪水のように押しよせてくるばかりで、しかもまたたく間に内容が古くなってしまう。現在の高度なコンピュータ技術が人間と社会にどのような影響を及ぼすのか、人間と社会の本性からして情報化社会はどうなっていくのか、という本質的な議論にふみこんでいる本はなかなか見当たらない。その数少ないものが、この本と次に紹介する本の2冊である。

ＩＴ革命の核心は、情報ネットワークが社会の基盤となることによって、従来の放送と通信が融合されることである。放送は一対多のマス・コミュニケーションで、通信は一対一の私的なコミュニケーションである。しかし、インターネットではその2つが融合され、一対多の放送もできるし、私的なコミュニケーションもできる。また、これまで受け手だったふつうの人びとが発信者になれることも大きい。

ネットワークの端末はパソコンである必要はない。日本型情報革命の特徴は、携帯電話が端末として普及したことである。やがて、テレビとパソコンは合体するようになるだろう。さまざまな家電製品がインターネットとつながり、IA（インターネット接続機器）の種類は広がってゆくだろう。自動車は走る情報基地になり、身体につけるウェアラブル・コンピュータも登場するはずだ。

こういう話題からは、情報化で経済が効率化されるとか、インターネットで草の根民主主義が実現するというような楽天的な話が生まれがちだ。しかし、この本の著者は、それは表面的な俗論であり、視野のせまいIT革命論であると批判している。IT革命は、文明史的事件として理解しなければならないという。いま人類はどういう曲がり角にいるか、これから人類はどうなっていくか、という長期的な視点で情報技術の動向を理解するのに役立つ本である。

内容解説・使えるフレーズ

家電は「個電」になってしまった

かつてテレビは茶の間にあり、電話機は玄関にあった。いまはテレビも電話機も家族のそれぞれが自分用を持つようになっている。つまり、**現代では家電は「個電」になってしまった**のである。

ここが使える

ここが使える

一家に一台の家電製品という時代には、家族は強固な共同体であり、家の内と外がはっきり分かれていた。だから、内と外の境界線付近に電話機が置かれ、家族の団らんの場にテレビがあったのである。しかし、いま家電は「個電」になり、家族の個々のメンバーにぴったり寄り添っている。冷蔵庫や電子レンジは一台しかないかもしれないが、それはみんなで共用しているにすぎない。

テレビ電話という技術は昔からできていたが、家のなかを映されたくないという理由からなかなか普及しなかった。しかし、デジカメつきの携帯電話で自分の姿を写し、電子メールで友人に送ったりしている若者がいる。彼らにとって自分の寝室は舞台なのだ。**家族という共同体の城壁はなくなり、各人それぞれが自分の情報をコントロールするように**

ここが使える

なっているのだ。

インターネットが「多対多メディア」という幻想

ここが使える

通信が一対一の情報交換、放送（マス・メディア）が一対多、それに対してインターネットは多対多であるとよく言われるが、それは一面的な見方にすぎない。インターネットを使うと効率的に市場経済を実現できるとか、草の根民主主義が可能になるなどと言われるが、

ここが使える

インターネットによって「多対多メディア」が成立するというのは幻想だ。かりに1人の人が1億の日本人全員と1分間ずつ対話するとすれば、休みなしで190年かかってしまう。アメリカ大統領に電子メールを出しても、本人から温かい返事が届くことはまず考えられない。これだけでも「多対多メディア」がありえないことがわかるだろう。

しかも、個人が放送局となって他人の鑑賞に堪えるような上質の内容をつくるには、才能も必要だし制作コストもかかる。結局は、マス・メディアの提供する番組にはかなわない。電子掲示板も、利用者の大半は沈黙した読み手で、発言するのは一部の人だけだ。

インターネットのつくる仮想空間（サイバースペース）は、全員が対等な大きな広場で

はない。さまざまな考えを持ったさまざまなメンバーの集まるいくつものローカル・ウェブがもつれあって共存している。各個人はせいぜい、いくつかのローカル・ウェブの熱心な利用者にすぎない。各人はそれぞれ自分を理解し共感してくれる仲間や、魅力的なリーダー、アイドルを求めてサイバースペースをさまよっているのだ。

ここが使える

つまり、**サイバースペースで交わされる対話は、「多対多」というより、マス・メディアより小規模な「一対多」の変種コミュニケーション**なのである。

サイバースペースは新しい共同体になれるか

霊長類の大脳新皮質と群れの規模との間には相関関係が見られるそうだ。それによると、ヒトの群れの規模は約150人になるという。実際、年賀状をやり取りする人の数などを思い出しても、身近な付き合いの規模はそれくらいだろう。

それ以上に大きな規模の社会になると、それはメディアによってつくられた擬似的な共同体である。

ここが使える

しかし、**自然な情緒的交流の行われない、メディアによって得られた擬似的な共同体では、人間は生きがいを感じられない**だろう。

いま電子掲示板や出会い系サイトがさかんであるが、それらによってつくられるオンラ

ここが使える

イン・サークルが人びとに生きがいをもたらすような共同体となれるかどうかは、いまのところ疑問である。なぜなら、**仮想空間での匿名のコミュニケーションは、現実空間での全人格的な身体をともなう交流とは別次元のもの**だからである。

しかし、オンライン・サークルも趣味や余暇についての気軽なチャットに終わらず、生産活動、組織活動をはじめるとなると事情は変わってくる。そこには、信頼関係、協力関係、互助《ごじょ》関係といった共同体的な性格が必ずあらわれてくる。はかない「電縁広場」とは違ったオンライン共同体が成立する可能性がある。

ここが使える

オンライン共同体がうまく機能するためには、現実空間と仮想空間との接続・混交が必要だ。仮想空間上での連絡だけで、たまにしか会わないと、しだいにコミュニケーションがとれなくなってなっていく。また、仮想空間だけで成り立つ共同体意識はゆがんだものになりがちだ。

ここが使える

また、オンライン上で、小規模なビジネスが現在行われている。純粋な利潤追求でなく、ボランティアや趣味の要素を持つものもある。そして、情報交換や物々交換などが世界規模で行われている。つまり、**オンライン共同体は、市場経済だけでなく、昔ながらの物々交換的な経済関係を復活させる可能性もある**のである。

中級

『情報文明の日本モデル』

坂村健◎PHP新書

本書のエッセンス

この本もまた前の本と内容が重なるところが多い。ＩＴ革命の核心は情報ネットワークにあり、端末としてパソコンより非パソコンが重要になってくること、日本の特徴は携帯電話が端末として普及したこと、ＩＴ（情報技術）産業は短期の動きに目を奪われるのでなく、長期的な大きな視野で見なければならないこと、などは共通している。そこで、この本の特徴とも言えるところを少し強調して紹介しておこう。

著者の坂村健氏は、ＴＲＯＮプロジェクトの提唱者・推進者である。ＴＲＯＮというと、いまの若者には聞きなれない言葉かもしれないが、かつて、家庭用のパソコンの標準はＴＲＯＮになると言われたことがあった。その後、ＴＲＯＮはマイクロソフト（アメリカ勢）

に完全に敗北したと言われたが、近年では、見えないところに使われているOSはTRONが世界の主流だと言われるようになった。しかし、これらの評判は、いずれもTRONの一面を見たものにすぎない。

実は、TRONというのは、次のような設計思想なのである。コンピュータはアメリカ産の技術であり、アメリカ文化を背景にして発達してきた。したがって、それゆえに生じてしまう限界・制約がある。そこで、アメリカ的発想をいったん白紙にして、コンピュータというものを一から設計し直そうというわけである。だから、あれこれ成否が語られているのは、その計画の個々の産物についてのことなのである。

このような著者の立場からして、この本ではアメリカ追従思考への批判が語られている。日本はアメリカ追従を脱して、独自の戦略を持たなければならない、情報文明の日本モデルを確立する必要がある、そして、日本はアジアを主導すべき立場にある、などが著者の主張である。終始、科学者らしい冷静な口調に貫かれていて、本質的なことを考えさせられる本である。

各章の末尾には読書案内のミニ・コラムがはさまれている。これも、パソコン好きの人には、楽しみながら教養へと進むのに役立つものだろう。

内容解説・使えるフレーズ

技術はオープンであるべきだ

携帯電話では使われている部品に純国産品が多いから、中身のしくみが製造会社の技術者によくわかる。しかし、パソコンは主要部分がアメリカ製で、中身のわからないブラックボックスになっている。

ここが使える

中身がわからないものは改良・改善のしようがなく、よくならない。

同じことは自動車やVTRについても言える。トヨタやホンダのエンジンは日本製なので、エンジニアにわからないなどということはない。自動車もVTRも、もとはアメリカ産であったが、改善を繰り返して独自の方法を生み出し、素晴らしいものにしていったという歴史がある。しかし、ブラックボックスがあると先に進めない。

ここが使える

日本製だからよく、アメリカ製だから悪い、ということではなく、技術がオープンでなく、手が入れられないところが問題なのである。

特定のワープロ・ソフトやパソコンが市場から消えたとき、残された文書やデータが再利用できないとなると、情報を後世に残せなくなる。ソフトウェアのしくみや情報のフォーマットは、オープンでだれでも参照できるようになっている必要がある。また、ウィルス対策も、ソフトの構造が公開されていれば、全世界の技術者が多くの目で欠点を探し、ふさぐ手段を提供することができるはずだ。

ここが使える

社会であらゆる人が使うものである以上、特定の組織（企業）に独占されるものであってはならない。技術はオープンであることが大切だ。

多様な言語を圧迫しないインフラづくりを

世界には6000ほどの言語があるが、いま2500以上の言語が絶滅の危機に瀕していると言われる。グローバル化したために、世界の画一化が進み、使われなくなる言語が多くなっているのである。しかし、**言語は文化であり、言語が消えることは多様な文化が失われることを意味する。**

ここが使える

ここが使える

インターネットでも多様な言語が圧迫されている。その一因として、コンピュータが英語を中心にしてつくられてきたため、欧米以外の言語にはどうしても不利なしくみになっているということがある。たとえば、日本語のJISコードでは約7000文字くらいの漢字しかないため、「森鷗外」の「鷗」も、「司馬遼太郎」の「遼」も正しく書けない。

外字をつくると文字化けが問題になる。約2万字の漢字が使えるユニコードでも、日本、中国、韓国、台湾の漢字をむりやり統一しているため、日本語と中国語の混在する文章は正確につくれない。

ここが使える

その国の言語をあつかえるコンピュータであってこそ、社会の財産（インフラ）になりえる。文字を整理・統合するという発想でなく、**多文字文化に配慮して、どんな少数言語にも対応できるシステムがつくられなければならない。**

日本人は漢字、かな、アルファベットを混ぜて当たり前に使っており、多文字文化に慣れ親しんでいる。また日本には欧米と同様の技術力もある。したがって、

ここが使える

日本はその国の言語を活かすインフラづくりという点でアジアに貢献できるだろう。

日本の強みはチームプレイ

「突出した個人が重要である」とさかんに言われている。「もっと日本でも、一部の人間が突出した能力を発揮するべきだ。そして、その人が先端的な企業をつくれば、日本全体の経済力が高まる」というようなことも言われる。

しかし、それは日本人の国民性に合わないのではないだろうか。たとえばホンダのロボ

ット「アシモ」は、特定の個人ではなく、チームの独創性が生んだものである。

ここが使える

むしろ、**日本的なチームプレイを活かすための改革がこれからは必要**ではないだろうか。「チームで戦う」という日本型のシステムが、企業活動にも必要だし、教授一人ひとりが専門の研究を閉じこもって行う傾向が見られがちな日本の大学でも、チームワークで研究できるようなしくみがなければならない。

今後はコピーを前提にした著作権づくりを

デジタルデータはコピーが簡単にできる。インターネットでは音楽ソフトのコピーが出まわり、CDの売り上げに影響が出て、問題になっている。しかし、こうした著作権の侵害をすべて取り締まることは現実問題としてむずかしい。

ここが使える

著作権侵害を完全に防ごうとすると、かえってインターネットのよさを殺してしまうことにもなりかねない。

ここが使える

コンピュータ上の情報は基本的にコピーされて利用されても仕方がないということを前提にしたうえで、コピーの対価が原作者に還流するようなしくみをつくることがいま求められている。「1曲聞くと10円」というように個々には微々たる金額を手軽に支払えるようなシステムを確立する必要がある。

情報化社会

もっとネタを
仕入れたい人のための
プラスα

「情報化社会」

紹介した2冊の本より、もっと基本的な知識を教えてくれる本がほしいという人がいるかもしれない。ビットやバイト、LANやインターネット、プロトコルやIPアドレスなどの用語の意味が知りたい、というような人には、春木良且**『情報って何だろう』**（岩波ジュニア新書）がおすすめだ。

この本は、コンピュータ技術の初歩の解説からはじまって、情報と政治・経済との関係、情報化社会に生きる私たちの心がまえまでをコンパクトにまとめている。しかも、知っておくと役に立つ、有名なエピソードがいくつか紹介されていて、おもしろく読める。ナポレオンの敗北をいち早く知って大もうけしたロスチャイルド、情報システムの戦略的な利用によって勝ち抜いたアメリカン航空の経営方針の話などは、小論文のネタに使える話題だ。

また、情報化社会といえば、マスコミ、ジャーナリズムの方面からも論じるべきではないか、と疑問に思う人もいるだろう。それについても、この本は答えてくれている。

ところで、しばらく前からユビキタスが話題になっている。ユビキタス社会がどうなるのか、そもそもユビキタスとは何か——そのような、これからのコンピュータ社会のあり方を知りたい人には、坂村健**『ユビキタス・コンピュータ革命』**（角川oneテーマ21）がおすすめだ。

第2部

「書くネタ」編

初～中級

『子どもと学校』

河合隼雄◎岩波新書

本書のエッセンス

いま、学力低下、いじめ問題など、教育に関する問題が次々に噴出している。そうした状況のなかで教育を立て直す方法が模索されているが、どうしたら教育がうまく機能するようになるのかという方法はなかなか示されない。

効果的な教育法を考えるには、教育制度や指導要領といった、大きな制度面（大所高所）から考えてもうまくいかない。実際の教育現場で、子どもたちは何を感じ、どういった不満を感じているのかといった、子どもたちに近い目線（小所低所）から考えはじめたほうがうまくいくのではないか――この本はそうした立場に立っている。

日本の教育現場では、日本特有の平等意識に貫かれた、母性原理による「みんな同じ」

的な教育が行われている。しかし、現在そうした平等意識が行き過ぎてしまい、子どもたちの個性の伸びを邪魔したり、子どもたちの自由を縛るものになってしまっている。また、子どもに知識をつめ込もうとするあまり、教師の「教える」意識が先行しすぎて、子どもが自ら「育つ」力の妨げともなっているようだ。

だからといって、自由放任にしたり、次の『教育改革の幻想』のところで触れる「ゆとり教育」のように、安易な学習内容の削減を行ったりすると、子どもの学習離れを進めるだけの結果になってしまう。子どもに学習意欲を失わせないまま、いまの教育の問題点を解消していく方法はないのだろうか。

それには、子どもが自由に個性を伸ばしていくための必要条件が何なのかを、熟考する必要がある。子どもの個性を、もっと豊かに伸ばすための方法を、教育の現場に視点を置きながら、「遊び」「父性原理と母性原理」「自ら育つ力」「道徳教育」などのキーワードから解き明かしていこうというのが、この本の試みである。

袋小路に迷い込んでいる感のある現在の教育を、どう修正していくのか。この本を参考にしながら、ぜひ自分なりの解決策を用意しておいてほしい。それは、教育系の小論文を受験するときに、大きな考え方の軸となってくれるはずである。

内容解説・使えるフレーズ

子どもには「勉強」だけではなく「遊び」も大切

「よい教育とは何か」は人により意見が異なる。のびのび育ってほしいと思う人もいるし、幼児の頃からの英語教育など、早い時期からの教え込みが望ましいと考える人もいる。

それなのに、学校教育の現場では、教育における価値の一律化がはなはだしい。「勉強する子はいい子」という価値観が教育現場を覆《おお》っているのである。

ここが使える

子どもにはそれぞれの個性があるのに、適性を見ないで、この成績ならこの学校というように押し込めてしまい、個性を十分に伸ばそうとはしていないのが教育現場の現状だ。しかし、そのような勉強・学力一辺倒の古い考え方だけではなく、教育現場にはもっと柔軟な考え方が現在求められている。

ここが使える

たとえば、**適切な遊びは、子どもの想像力を育むことに役立つ**。将来、創造的な仕事をしようと思えば、子ども時代に養われた想像力がベースになる。勉強ばかりして遊んでいない子どもは、成人してからも創造的な仕事ができない。

ここが使える

学校では「勉強」、社会では「お金」といった単一の価値観を見直し、もっと幅広い価

値観を認める必要がある。

教育現場を「父性原理」と「母性原理」で見る

「父性原理」と「母性原理」という考え方で日本の教育現場を見てみよう。

父性原理は「切る」ことを、母性原理は「包み込む」ことを基本原則としている。たとえば、問題を起こした生徒に対して、父性原理では「処罰する」ことが、母性原理では「みんなで包み込んであげる」ことが適切だと考えられるのだ。

ここが使える

日本の教育現場においては、欧米と比較して、母性原理の影響が非常に強い。これは、平等主義的で能力差を認めない傾向が強いということだ。

ここが使える

母性原理のよいところは、多少能力がなくてもみんなが支えてくれる安心感があるため、非行や犯罪が欧米とくらべ、ゆるやかだという点で、逆に悪いところは、行き過ぎた平等主義が弊害としてあらわれるという点だ。たとえば、成績評価を1から5でなく全員3にするべきだというような悪平等的な考え方が出てきてしまうということである。

一方で最近は、能力主義、学力別クラス編成などの、欧米的な父性原理にもとづいた教育方法も入りこんできている。だが、それは日本の母性原理的な教育と相性が悪く、現状

ではうまく機能しているとは言えない。父性原理、母性原理はどちらも一長一短であり、

ここが使える

両方をバランスよく取り入れながら、日本人の個性に合った教育を考える必要がある。

子どもの自ら「育つ」力を重視する

ここが使える

「教育」という語は「教」と「育」という字から成っているが、日本の教育の問題点は、教師の側が「教える」ことばかり強調されて、子どもたちの側が「育つ」ことが軽視されているということだ。

現代社会では、生きていくためにますます多くの知識が必要とされているため、ともすれば知識つめ込み型の教育になりがちだ。しかし、とくに個性に恵まれた子どもは、教師の「教え」に乗ってこないことが多い。

ここが使える

あまりに「教え込む」教育は、子どもたちの個性の芽を摘んでしまう恐れがある。

しかし、ただ放任しているだけでは、間違った方向に子どもが育ちかねない。また、つめ込み式教育の反省から生まれた「ゆとり教育」は、子どもの学習離れをもたらすことになる。だから、どの程度つめ込み教育をし、どの程度子どもたちに自由を与えて自ら「育つ」ことをうながすのか、そのバランスをしっかり考えて、見極めることが大切になる。

道徳教育のあり方

いま、社会全体で道徳規範の低下が問題になっている。だからこそ、子どもに対する道徳教育は重要なテーマだ。

ここが使える

道徳は、簡単に言えば、人間が生きていくうえで守らなければならない規則の総体だが、戦時中の「愛国心」教育のように、道徳的観念を硬直化した形で教え込むのは危険だ。

道徳教育で望ましいのは、道徳観念を押しつけるのではなく、道徳が正しいかどうか、生活の場に照らしあわせて、みんなで考えていくような授業だ。

ここが使える

子ども自らによって、自然に道徳観念を伸ばしていくような教育をしてこそ、自律した道徳観は身につく。

ここが使える

学科でも道徳でも、「教える側」主体の教育ではなく「教わる側」主体の教育を行うことが大切である。だが、個性を伸ばす教育を行うには、教師の側にも個性が必要となる。自由放任ではなく、子どもたちが個性を伸ばしていくことに、関心を持ちながら見守る度量も必要だ。

教育は人間相手の行為であり、簡単に数量化・公式化した原則を用いれば理想の教育が実現できるわけではない。

ここが使える

教師もまた子どもたちから「教えられる」存在であることを自覚し、日々自己研鑽《けんさん》をおこたらない姿勢が、現代の教師に最も求められることだ。

中級

『教育改革の幻想』

苅谷剛彦◎ちくま新書

本書のエッセンス

教育問題が小論文試験に出題される場合、２００２年度より実施された新学習指導要領による教育改革が取り上げられることが多い。直接問われないにしても、これについての知識は不可欠だ。その意味で、この教育改革の問題点を鋭く分析したこの本をじっくり読んでおく必要があるだろう。

新学習指導要領によってもたらされた教育改革というのは、「ゆとり教育」「総合学習の時間」「学校週五日制」などを盛り込んだものだった。その結果、子どもたちの学力低下、学習離れなどが起こるのではないかと議論になったが、それらがすでに起こってしまっていることが、この本に収められたデータからわかる。

「ゆとり教育」は、これまでのつめ込み教育を改めて、ゆとりを生み、子どもたちの学習理解度を高め、落ちこぼれを一掃することが目的とされていた。しかし「ゆとり」はテレビやゲームなど、子どもたちの遊びの時間に使われ、むしろ子どもたちの学習離れを急速に進めるという皮肉な結果になった。

こうした悪しき教育改革が断行されてしまったのはなぜか。それは、教育改革推進派の人たちのなかに過去の受験戦争を悪者扱いし、「子ども中心の教育」を理想的なものとして考える「幻想」が固く存在していたからだ。この「幻想」にとらわれた教育改革推進派の人たちは、「子どもは本来勉強するもの」という理想論を振りかざし、現場の子どもたちが置かれている状況を考えず、実現不可能な理想論をそのまま制度化してしまった。

その制度のもとでは、教師たちにも「理想の教師像」が期待され、総合学習の授業などは、教師各自にまかされることになった。現場の教師たちもまた、新しい教育に悩み、苦しんでいる。教育改革が、教育の現場に混乱を生んでいると言えるのだ。

この本は、以上の点を踏まえたうえで、教育のあり方について警告を発しているわけだ。

内容解説・使えるフレーズ

「受験戦争のトラウマ」が生んだ幻想

受験戦争が最も激しかったのは1950年代だと言われているが、アンケートなどのデータによると、一般に言われているほどの受験地獄ではなかったことがわかる。むしろ、「受験準備期間が生活の励みになる」といったような、肯定的な意見も多い。

ところが、一部の成績優良者だけが通っていた大学に多くの人が行くようになると、「過度の受験戦争」が批判されるようになっていった。「受験戦争はつめ込み教育である」というような、「受験地獄」をトラウマとする風潮が広まった。こうして、「子ども中心のゆとり教育」が、光かがやくばかりの理想の教育として無批判で歓迎されていったのである。

ここが使える

つまり、**「受験戦争のトラウマ」がゆとり教育を生み出した背景にある**のである。

ゆとり教育の理想と現実

ゆとり教育を提唱した教育改革推進派の人たちは、授業内容を3割削減し、ゆとりを持たせることをめざした。授業で教える内容を削減することで、どの生徒も学力を定着できるようにし、「全員が百点をとれるようにする」ことが、ゆとり教育の目的だった。

しかし、現実に起こったのは、こうした理想とはまったく逆のことだった。現実には、ゆとりを持たせたことで、テレビやゲームなどをする時間が大きく増え、子どもたちの学習離れが進んだ。ここが使える **基礎学力の定着が必要な時期に、学習離れが進んでいるという実態は、ゆとり教育のねらいであった「あらゆる生徒に対する基礎学力の定着」が、むしろむずかしくなっているという逆の結果を意味する。**

一方で、少数の受験傾向の強い親や子どもは、公立校のゆとり教育に期待しないで、私立の中高一貫校や、学習塾に通わせるなどの対策をとっている。しかし、それには資金力が必要であり、ここが使える **親の職業や学歴などの階層差が、子どもの学習環境の違い、ひいては学力差としてあらわれ、学力の階層化が現実のものとなってきている。**

ゆとり教育が失敗した理由

では、ゆとり教育がうまく機能しなかったのはなぜか。

ここが使える **ゆとり教育は「子ども中心主義」を前提にしている。**「子ども中心主義」とは、どの子どもにも必ず自ら発展・成長していく力があるという人間観である。すなわち**子どもは大**

人より善であるという楽観的な「子ども性善説」が「子ども中心主義」なのだ。だから「ゆとり」を与えれば子どもはおのずとすくすく育つと考えている理想主義的な面がある。

ここが使える

教育改革推進派の人たちは、こうした幻想に酔い、現実を冷静に理解しようとしなかった。現実には、学ぶ意欲に満ちた子どもたちがいる反面、学ぶ意欲のない子どもたちがもっと大勢いる。これを現実として受け止めないと、有効な教育改革は実現できない。**学ぶ意欲のない子どもたちをもっと考慮して教育を考える必要がある。**こうした認識を欠いてゆとり教育を実行したため、楽な方向に流れ、勉強をしない子どもが増えたのである。

「子ども中心主義」がもたらす授業崩壊

「子ども中心主義」にもとづく新学習指導要領は、学校での授業のあり方も変えた。「子ども中心主義」のもとでは、教育の主体は子どもであり、教師は「指導者」ではなく「学習者の支援者」としてとらえられる。そのため、**「子ども中心主義」のもとでは、子どもに教えるべきことを教えず、徹底的に甘やかすような授業が行われる。**たとえば算数や数学の授業に、子どもが喜ぶ小道具を使うような授業だ。そういう授業では、肝心の「知識の伝達」がおろそかになりがちである。

ここが使える

ここが使える

学習には必ず、むずかしいことや、楽しくはないが大切なものも含まれている。それを「子ども中心主義」の美名のもとに洗い流したことが、教育改革の最大の罪だと言える。イベント的な授業ではなく、**つまらなく見える基礎もしっかり教えるのが、よい教育**だ。

子どもだけでなく、教師も混乱させた教育改革

教育改革には、教師たちも困っている。新学習指導要領の目玉とされるのは「総合学習の時間」だが、教科書もつくられず、内容の規定もなく、すべて現場の教師の力量にまかされている。もちろん、「総合学習の時間」は力量と意欲のある教師にとっては、新しい教育の場となる可能性があるが、ふつうの学校でふつうの教師たちが十分に成果を上げられる制度がない以上、現在の教育改革は、見通しの甘い見切り発車であったと言わざるをえない。教育改革は教育の現場を混乱させたというのが現実である。

ここが使える

今後の教育の見直しに必要なのは、つめ込み式として切り捨てた学習方針の復権だ。**基礎を身につける時期に、ある程度つめ込みを行わないと、自由な発展的思考は生まれない**。指導要領の方針も、現場の教師の声を集め、ふつうの教師でも効果を上げられるようなものにつくり直すべきである。

もっとネタを
仕入れたい人のための
プラスα

「教育」

教育についての優れた書物はたくさんある。少し古くなったが、大田堯**『教育とは何か』**（岩波新書）など、岩波新書の教育関係の書物は、戦後教育のあり方、その理念を知るために、とても役に立つ。

また、本文でも紹介した『教育改革の幻想』の著者である苅谷剛彦氏は、現在、さまざま方向から教育問題を研究し、刺激的で鋭い書物をたくさん著している。すでに刊行されて10年近く経つが、**『大衆教育社会のゆくえ』**（中公新書）はまったく古びていない。また、**『なぜ教育論争は不毛なのか』**（中公新書ラクレ）も、「ゆとり教育」に対する鋭い疑問を提出し、今後の方向を示そうとしている。

近年の「ゆとり教育」に関する論争を整理し、現在の教育のさまざまな問題点をまとめたものとして、『中央公論』編集部・中井浩一編**『論争・学力崩壊』**と読売新聞社会部**『教育再生』**（ともに中公新書ラクレ）の2冊がある。さまざまな立場の意見や取り組みが紹介され、学級崩壊などいま学校で問題になっていることの報告や原因の分析などがなされている。現在の教育のあり方やこれからの方向を自分なりに考えるには便利だ。ぜひとも自分の考えをまとめるために、これらの本を利用してほしい。

第2部

「書くネタ」編

中級

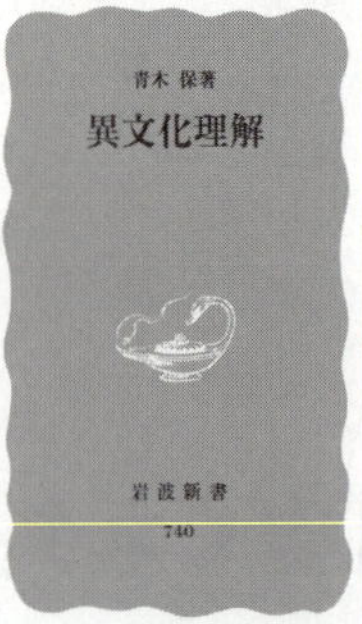

『異文化理解』

青木保◎岩波新書

本書のエッセンス

「文化」というと、私たちはすぐに芸術や学問のような高尚なものを思い浮かべがちだが、実はそうではない。「日本文化」というなら、日本人の食習慣や生活習俗、言語や宗教、ものの考え方や行動の仕方など、それらすべてをひっくるめて「文化」とみなす必要がある。

現在、世界各地で民族紛争が起こっている。それらの紛争の根底には、実はこの「文化」の問題がある。国際化・グローバル化が進み、外国人と日常的に接する機会が飛躍的に増えた現在、「文化」の違いは以前よりいっそう鮮明に浮かび上がってきている。そのため、国どうしだけでなく、同じ国内でも異なる民族どうしの文化衝突が頻発するようになっている。日本においても、異文化との接触はますます日常的になりつつある。

また、これまでは政治や経済、あるいはイデオロギー（思想）の問題だと考えられてきたことの多くが、実は「文化」の問題にほかならないことが、明らかになってきた。「文化」について考えずに、複雑化した現代世界を理解することはできない。異なった文化どうしがいかに理解しあい、認めあい、共存するかという問題は、現代の世界にとって緊急の重要課題である。

以上のような認識に立って、現代における異文化理解の重要性を論じたのが、この本だ。文化をめぐる現状や、異文化理解のあり方が、著者自身の異文化体験や異文化研究にもとづいて、わかりやすく説明されている。

近年、「文化」をテーマにした小論文問題が増えている。直接それをテーマにしていなくても、文化の問題を理解していれば、読み取れる課題文も多い。国際化・グローバル化をテーマとした文章、とくに２００１年の同時多発テロ以降の状況を論じた文章を理解するには、異文化問題への理解が欠かせない。その意味でも、この本のテーマをしっかりと押さえておくことが重要だろう。

内容解説・使えるフレーズ

「文化」の問題がますます大切になっている

人間の生き方は文化によって深く規定されている。人間は必ずある文化のなかに生まれ、その生まれ育った文化（自文化）を背負って生きている。**文化とは価値の問題であり、人間の生活は文化によって意味づけられ、枠組みを与えられている。**

現代ではグローバル化が進み、異文化と出会う機会がかつてないほど増えている。**自文化と異文化の間で生きていくのが、現代人の宿命**なのだ。だからこそ、一般の人びとの日常生活においても、異文化理解が重要な問題になっている。

だが、異文化理解はむずかしい。**文化は不合理なもの**だ。日本人がなぜ日本語をしゃべらなければならないのか、世界にはなぜこれほど違う言語があるのか、外見的によく似た日本人と中国人が、これほど食習慣が違うのはなぜなのかを合理的に説明することはできない。だから、文化の問題はなかなか近代的な学問の対象にならず、科学技術が発達しても、文化の問題は解決されなかったのだ。

異文化に対する偏見をなくす

近代においては、異文化に対する理解は、政治的な権力や歴史的な経緯などによってたえず左右されてきた。たとえば、西欧の人びとは昔から東洋に関心を持ち、東洋の文化をさまざまに描いてきた。しかしそれは、東洋の現実を正確に描くというよりも、西欧による植民地支配を正当化するために誇張されたりゆがめられたりした。政治的・経済的に優位に立った国や社会が、異なった文化や社会を劣ったものとみなすときに、こうした態度があらわれる。

ここが使える

近年、文化の相対性が認識されるようになり、欧米の文化が優れていて、それ以外の文化が劣っているとは言えないということ（文化相対主義）が理解されるようになってきた。しかし、異文化に対する偏見は現代の世界にも根強く残っている。たとえばそれは、近代の日本におけるアジア蔑視や、欧米でのイスラムに対する否定的な報道などに、よくあらわれているだろう。

ここが使える

また、そうした**異文化に対する偏見は、固定的なイメージとして、マス・メディアを通じて増幅されて世界中に広がってしまう**ことを忘れてはならない。ハリウッド映画における外国や異文化の描かれ方には、その時代のアメリカと諸外国との関係や国際状況が強く反映している。だが、そうした固定したイメージが拡大することで、ナチスのユダヤ人排斥やボスニア問題のような民族差別や異民族の排斥・虐殺を生み出す。

ここが使える

異文化に対する固定的な見方を疑うことが、異文化理解の第一歩だ。

グローバル化と異文化理解の関係

現代では、グローバル化が進み、世界中に同じ情報が伝わって、ハリウッド映画やハンバーガー、ジーンズといったグローバル文化がどこでも見られるようになった。もちろん文化の違いはいまも残っているが、世界的な文化の画一化はやはり急速に進行している。

ここが使える

ところが、世界がグローバル化し、世界中に同じ情報が伝わると、世界に共通の意識や考え方が広がると同時に、かえって文化の違いが強く意識されるようにもなる。そのため、文化摩擦や民族対立があちこちで起こっていて、むしろ異文化問題は深刻になっているという側面がある。こうした世界の現状を「文明の衝突」ととらえて、「文明（文化）の違いは克服できない」と主張する考え方もある。

異文化理解にはいろいろな段階がある。異文化のなかでも、社会的な習慣や取り決めは、比較的理解しやすいものだ。しかし、それ以上に重要なのは、人びとの心のなかにある価

ここが使える

値観を理解することだ。信仰や生活様式などは、**その社会固有の価値や理想と結びついているため、その文化の圏外にいる外国人には理解しにくい。**しかし、だからこそ、それらは重要な価値を持っているのだ。

混成文化のなかにもオリジナリティーがある

ここが使える

「純粋な文化」というものは存在しない。文化はつねに異文化と接触しながら変化していく。とくに現代の文化は、異文化を取り入れながら自文化を形成しており、どの文化も混成状態にある。しかし、**どの国の混成文化も、その混成の仕方は各文化によって違っていて、そこに文化の固有性が残っている。**たとえば、現代のアジア諸国では、どの文化にもその土地固有の土着的な文化、アジアの文化、近代的な文化が重なって形成されているが、それらの混成の度合いや組み合わせに、各国の文化の特徴があらわれている。

ここが使える

その一方で、古い伝統文化の破壊が進むにつれて、失われた文化的な伝統をもう一度見つめ直し、自文化を再発見しようという動きが近年広がっている。こうした**自文化再発見の動きが自文化中心主義に陥らないように注意する必要はあるが、そこには、自文化を見つめ直すことで、異文化とのつながりを見出すというメリットもある。**

中～上級

『ことばと文化』

鈴木孝夫◎岩波新書

本書のエッセンス

言語はふつう伝達の手段だと思われている。自分の意思やメッセージを他人に伝えるための便利な手段だと考えられている。しかし、言語の機能はそれだけではない。人間は、言語を通して、対象を認識したり、物事を考えたりする。言語がなければ、人間はあるものをそのものとして見ることもできない。

逆に言えば、人間のものの見方や感じ方は、言語によって強く規定されているわけだ。言語について考えることは、そうした人間の認識のあり方を考えることにほかならない。

言語について考えるとき、とくに重要なのは、言語と文化の結びつきだ。人は生まれたときには言葉をしゃべらない。成長するにつれて言葉を話すようになるが、どの言語をしゃべるようになるかは、彼らを取り巻く文化によって決められる。日本人であれば日本語を話すようになるし、アメリカ人であれば英語を話すようになる。

そうして、日本人は日本語を覚えながら、日本人のものの見方や感じ方を身につけるようになるが、それは英語を話すアメリカ人が身につけている文化や価値観とは当然違っている。このようにして、言語を通して文化の継承が行われるわけだ。

このように、言葉というものがいかに文化であり、また文化としての言葉が、言葉以外の文化といかに関係しているかを明らかにしたのが、この本だ。豊富な実例を使って、「文化としての言葉」のあり方ができる限りやさしく説明されている。最後の章は、日本語の人称代名詞をめぐるやや専門的な議論に割《さ》かれているが、興味のある人はそこまで読んでみるのもいいだろう。

言葉の問題は、人文系、とくに外国語学部の小論文ではよく出題される。言語を直接テーマにしていなくても、「言語とは文化である」という知識があれば、うまく対応できる問題も多い。言語は必須のテーマと言えるだろう。

内容解説・使えるフレーズ

文化や言語の構造はそれぞれ違っている

ある文化を構成しているさまざまな要素は、それだけで独立した価値や意味を持っているのではなく、ほかの要素との関係（構造）によって価値や意味が決められる。ところが、私たちはふだんそうした自分の文化の構造を自覚していないため、ある文化の要素は自分の文化でもほかの文化でも同じような価値（意味）を持っていると思い込んでしまう。

言語についても同じことが言える。たとえば、「窓ガラスを割った」の「割る」に英語の break は使えても、「西瓜《すいか》を半分に割った」の「割る」には break は使えない。ある外国語の単語の使い方が自国語の単語の使い方と、ある場合に一致するからといって、すべての場合にそれが当てはまると思ってはいけない。

ここが使える

言葉の意味や使い方には、文化と同じような構造があって、それはそれぞれの言語によって違っているからだ。

しかも、文化の違いには目に見えてわかりやすい部分とすぐにはわかりにくい部分がある。たとえば、食事のときに日本では箸《はし》を使い、欧米ではスプーンなどを使うというのはわかりやすい文化の違いだが、日本人と欧米人とでは、同じスプーンでもその使い方が微妙に違う。

そうした、自覚しにくい文化の構造的な違いに気づいて、言葉というものが世界をいかに違った角度、方法で切り取るものかということを理解することが、外国語を習得する重要な意義のひとつである。

言葉が違えば、ものは別のものである

ここが使える

ふつう、ものが先にあって、それにレッテルを貼るように言葉（名前）をつけていくと考えられている。しかし、**むしろ、言葉によってはじめてものが区別され、あるものがそのものとして認識されるようになる**と考えるのが正しい。たとえば「蝶《ちょう》」「蛾《が》」という言葉があるからこそ、ある存在を蝶や蛾だと認識するのだ。それらを同じ言葉で呼ぶ民族では、蝶と蛾を区別しない。

ここが使える

また、**言語が違えば、同一のものが別の名前で呼ばれると考えられているが、別の名前は別のものを示していると考えるべき**だ。言葉は、人間が世界を認識するための手がかりであり、そのため言語の構造が違えば、認識される対象も違ってくる。たとえば、英語には日本語の「湯」に当たる単語がない。waterという単語が、状況に応じて「水」に

も「湯」にも使われるのだ。

このように、私たちの身のまわりのものでも、日本語という特定の言語に依存している恣意的な区分にすぎないことが多い。**ものの見方や価値の置き方は文化によってさまざまであり、それに応じて言語による世界の切り取り方も変わってくる**わけだ。

ここが使える

言葉で世界を区分する基準は人間

言葉を使って世界を区分する基準は、すべて人間が中心になる。たとえば、「象は鼻が長い」とは言っても、「人は手が長い（短い）」とは言わない。人間の体全体と鼻とのつりあいを尺度にして、「象は鼻が長い」という言い方が成り立っているわけだ。

ここが使える

机というものを成り立たせているのも、実は、人間の基準だ。机という物体が客観的に持つ多くの性質は、机という言葉であらわされるものを定義する決定的な要因ではない。そのものを人間が利用する目的とか、人間との相対的な位置関係などが、たとえば机と棚を、椅子とテーブルを区別しているのだ。だから、猫や犬にとっては、机と棚、椅子とテーブルの区別は意味を持たないわけだ。

このように、**人間が言葉を使ってものを区別するのは、そのほうが人間が生活してい**

ここが使える

くのに便利だからだ。もともと意味のない世界に、人間にとってあつかいやすいように意味を与え、一定の秩序を与えるのが、言葉の役割だと言えるだろう。

「経験」が違えば、言葉の「意味」も変わってくる

ある言語における基本的な言葉は、その社会に属する人びとにふつう共有されている。その意味をあらためて問うことは通常はしない。

ここが使える

しかし、**その言葉をめぐる経験が違えば、それに対する理解も違ってくる**。したがって、ある言葉を使えるという点では同じでも、その言葉の「意味」は人によって非常に違っていて、それをほかの言葉で置き換えて伝えることはできない。

言葉の意味には、社会的に共有される共通の部分（指示的意味）が中心にあり、使う人によって食い違う部分（情緒的意味）は本質的なものではないとされることが多い。しかし、そういう区別はできない。たとえば、コンニャクをたんに食べ物として理解するか、山に生えている植物として理解するかは、その人の経験によるのであって、どちらかの意味がより本質的ということはないのである。

もっとネタを
仕入れたい人のための
プラスα

「言語・文化」

9・11以後の国際社会の劇的な変化を踏まえて、『異文化理解』の議論をさらに展開してみせているのが、青木保**『多文化世界』**（岩波新書）だ。著者は、グローバル化にともなう画一化・一元化の動きに対抗して、文化の多様性を擁護し、「文化の力」を力強く肯定している。文化の壁、文化という障害を乗り越えるのは同じ文化の力であり、社会全体で文化力を高めることで「多文化世界」を実現することができる、というのが著者の主張だ。グローバル化の時代に、「文化」の問題を政治問題化することなく考えることの意味を理解しておきたい。

言語は文化と深いかかわりを持っているが、それは同時に、国家のあり方とも強く結びついている。人はだれしも、特定の母語のなかに生まれてくる。その母語が、あるものは野卑な方言として抑圧され、あるものは権威ある国家語として賞揚されるのはなぜか。国家語が成立する過程では、さまざまな言葉による差別や偏見がつくり出される。そうした言語による差別の諸相を明らかにしたのが、田中克彦**『ことばと国家』**（岩波新書）だ。言語と国家の関係は、言語の問題だけでなく、政治や国際化の問題を考えるうえでも重要なポイントになるはずだ。しっかりと理解しておく必要があるだろう。

第2部

「書くネタ」編

中級

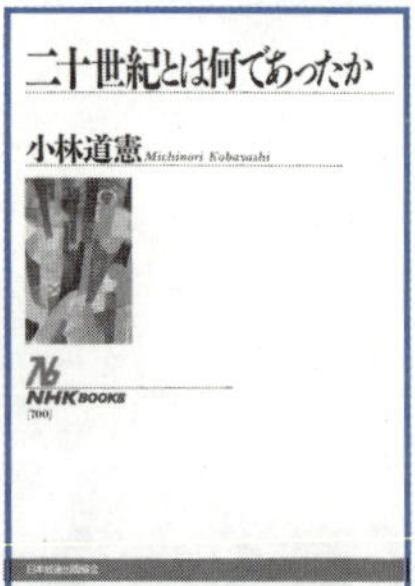

『二十世紀とは何であったか』

小林道憲◎NHKブックス

本書のエッセンス

20世紀ほど、人類がさまざまな変化を経験した時代はない。20世紀は世界史に書き記されるべき事件の連続した世紀であった。しかし、それらの事件には、幸福なものよりも、むしろ人類の悲劇と言うよりほかない出来事が多かったことに気がつく。

一番の悲劇は、二度の世界大戦だ。これまでになく発達した近代兵器が大量殺戮《さつりく》をもたらした。科学技術の発展は、人類の生活を快適なものに変えたが、それは同時に地球を何度でも滅ぼせるだけの核兵器を生みだした。環境破壊もひどくなる一方だ。急速に進んだ情報化は、私たちにかつてない知識をもたらしたが、低俗性がむきだしになる大衆社会をも出現させている。

20世紀は、科学文明のまばゆい光と、戦争や貧困といった深い影が同居する複雑な時代であった。現在私たちは、豊かな物質文明のなかで、かつての貴族たちのような生活を送っているが、それほど満ち足りた生を送っているという実感はない。物質的な豊かさを獲得するために、切り捨てたものがたくさんあることを知っているからだ。気ぜわしい大量消費社会のサイクルのなかで、私たちは時間に追われて労働し、低俗な文化にのみ込まれ、かつてのような文化の上質さを失い、生きる目的を見失いかけている。

また、視野を日本の外に向けてみると、終わりなき貧困にあえぐ人びと、戦争やテロの恐怖におびえながら暮らしている人びとが大勢いる。

現代をよいものと考えるだけでは、鋭い小論文は生まれない。現代という私たちの生きてきた時代について思いをめぐらせてみることで、はじめて近代そして現代を鋭く論じ、これから人類が進んでいく方向にも、何らかの有効な考察が展開できるはずだ。

この本には、20世紀に起こったさまざまな出来事が、政治・経済、科学・文化など、幅広いテーマにわたって網羅されており、20世紀全体を理解する大きな助けとなってくれる。近現代をしっかり理解することは、あらゆるテーマの小論文の基礎となる知識の土台をつくってくれる。しっかりと学んでおくべきテーマだ。

内容解説・使えるフレーズ

20世紀、ヨーロッパは世界の中心ではなくなった

19世紀末まで、世界を支配していたのはヨーロッパだった。ヨーロッパ諸国は、いち早く産業革命を成しとげて、世界各地に植民地を持って世界に君臨していた。

しかし、20世紀に起こった二度の世界大戦で、ヨーロッパ諸国は大きな打撃を受け、その地位を失う。これは、科学技術の発達により極度に殺傷力を増した兵器が、かつてない大量殺戮《さつりく》の悲惨な戦争をもたらしたためだ。

ここが使える

皮肉にもヨーロッパ諸国は、自分たちのつくった科学文明のために衰えていったと言えるのである。

20世紀には、アメリカ式の大衆消費社会が出現した

近代に入り、産業が大きく発展していくと、大量生産と大量消費を前提とする新しい社会システムが生まれていった。それにともなって、農村からたくさんの人びとが都市に流れ込み、大衆社会が形成された。

近代が生み出した大衆社会の特性は、状況によって揺れ動く流動性を持っていることだ。

ここが使える

つまり、**大衆とはこれまでになく移り気な人びとの集まり**なのである。

ここが使える

こうした大衆の意識を支配したのがマス・メディアである。ラジオ、映画、テレビといった情報メディアが次々と開発され、情報の洪水のなかで、**大衆はマス・メディアのつくり出した幻想に踊らされるようにして生きていく**ことになる。情報は次々に送られ、流行をつくり出すが、流行はすぐありきたりなものになり、使い捨てられていくようになった。

情報だけでなく、モノについても同じことが起こった。企業は、新しい商品を買わせるために、マス・メディアを使って大衆の購買力を刺激する。その結果、モノは使い捨てにされ、消費は美徳、買物は娯楽という、ぜいたくな大衆消費社会が生まれた。

ここが使える

これはアメリカにはじまった愚かな資源の浪費と言えるが、消費の魅力にさからうことはむずかしく、アメリカ式の大衆消費社会は全世界へとすぐに広がっていった。**アメリカ式の大衆消費社会が出現したのが、20世紀という時代**だったと言える。

政治・文化・学問も堕落した20世紀

ここが使える

大衆社会においては、政治までも大衆のための政治に堕落した。大衆は、政治家として有能な人物より、大衆の欲望をかなえることをマス・メディアによってうまく喧伝《けんでん》された、政治的には凡庸な人物を政治の場に送り込むようになった。ヒトラーやスターリンといった大衆扇動家が権力を握って虐殺を行った背景にも、大衆政治の台頭がある。

文化を広く見渡してみても、どのジャンルにおいてもマス・メディアの影響は大きく、

ここが使える

マス・メディアによる文化レベルの低俗化は大きく進んだ。テレビ画面のなかでは、マス・メディアのつくり出した人気タレントや歌手が活躍する。マス・メディアは大衆受けする偶像をつくり出し、それをよりセンセーショナルに、よりセンチメンタルに演出することで大衆を興奮させ、それによって金もうけをしようとした。この戦略にのせられて、大衆の文化水準は低俗化していった。

出版文化の低落も進んだ。大衆向けのわかりやすい出版物が好まれるようになり、深い内容のものは読まれなくなった。大衆の一時の気分・好みを反映し、短期間に爆発的に売れたあと、すぐ忘れられていくベストセラーが生まれたのも20世紀の特徴だ。

ここが使える

このように、**目先の欲望に踊らされる大衆が、社会をリードしていったのが20世紀**だ。**20世紀にはより高いものを求める精神を失った大衆が、あらゆる文化の水準を押し下げ、低俗なものが尊ばれるようになった。**こうして高貴な存在・精神は、排除されていった。

また、本来世間を超越して知的でなくてはならない学問の分野においても、荒廃が進ん

だ。20世紀の高度な情報化は、多量の情報を学問の諸分野にもたらしたが、その結果、学問が無用なほど細分化され、それぞれの専門分野に閉じこもって全体を見ようとしない、いわゆる「専門バカ」と呼ばれる研究者が増えた。

また、学問が専門外の領域に目をとざすようになった結果、分野を越えて真理を探求する冒険心・創造精神が失われた。20世紀の学問は、それまでの学問にひたすら注釈をつけていく文献学のようになってしまって、新しい学問を生み出していくエネルギーを失っているのが現状だ。

21世紀はどんな世紀になるか

これからの21世紀の行く末を考えても、楽観的な未来図は描けない。途上国の人口爆発はますます加速し、富と貧困の拡大はさらに大きくなる。また、同時多発テロによって幕を開けた**21世紀はテロとの戦いの世紀となる**のも間違いない。環境破壊に加え、化石燃料の枯渇などのより差し迫った問題も出てくる。

ここが使える

ここが使える

人類が自らの欲望に振り回された20世紀は、人類が自らの欲望を自制する賢明さを身につけない限り、世界の混迷に光は差さないということを私たちに教えている。

中～上級

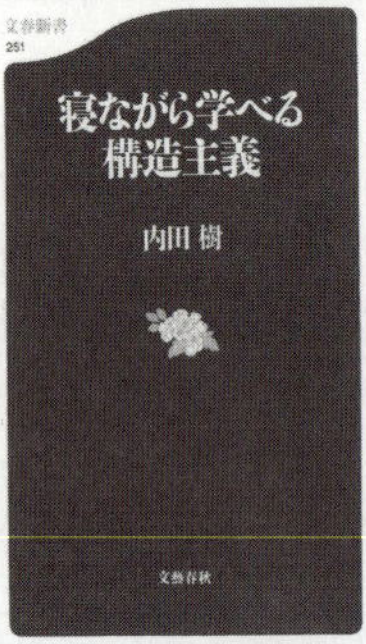

『寝ながら学べる構造主義』

内田樹◎文春新書

本書のエッセンス

ひところ、「構造主義」という思想が流行した。現代は構造主義の流行したあとのポスト構造主義の時代だと言われている。では、構造主義は時代遅れの思想なのだろうか。いや、決してそんなことはない。

構造主義は、すでに私たちのものの見方に、常識と思われるくらい深く入り込みすぎている。そのため、私たちは構造主義的なものの見方を、当たり前のものとして感じるようになっているのだ。その意味で、構造主義は私たちに非常に身近で、私たちの認識の根幹を成している、いまもまったく現役の思想であると言うことができるだろう。

私たちは、世界を見るときにまったく自分自身の自由な視点で見ているように思っているが、実はそうではない。私たちが世界を見るときには、自国の文化、母国語といったフィルターをかけられた制限された世界を見ている——そのような考え方が構造主義の基本だ。構造主義は、私たちの自由なものの見方というものを疑い、私たちを文化や歴史に縛られざるをえない存在としてとらえる。

構造主義の成り立ちの歴史をたどると、まず、マルクス、フロイト、ニーチェといった近代の知の巨人たちが、後の構造主義につながっていく思想の源流だということがわかる。そして、構造主義の父と考えられるソシュールが、記号論で構造主義の大枠をつくり、フーコー、バルト、レヴィ＝ストロース、ラカンの4人が構造主義を大きく発展させていった。この本ではその全員がわかりやすく解説されているが、ここでは字数の関係で、小論文にとくに有用な思想の紹介にとどめる。

難解な思想と思われがちな構造主義を、この本はわかりやすく、おもしろい例もふんだんに挙げて解説している。自分の認識は絶対のものでないとし、疑ってみる構造主義の思考法を身につけることができれば、とくに思想系の小論文で大きく役に立つだろう。また、応用の仕方次第で、広く人文系小論文全般に使える、応用範囲の広い思想でもある。

内容解説・使えるフレーズ

構造主義ってなに？

各論に入る前に、構造主義はどういう考え方なのか、大まかなところを理解しておこう。

ここが使える

構造主義とは、世界にはいろいろなものの見方があり、自分の価値観が絶対のものではないとする考え方である。たとえば、アメリカの対テロ戦略にも一理あるが、イラクやアフガンの人びとの苦しみも無視できないというように、双方の立場に理解を示す考え方だ。世界の見え方は視点によって違い、ある視点にとどまったままで自分の意見を絶対視することはできない、という考え方である。

私たちは、つねにある時代、ある地域、ある社会集団に属しており、その条件が、私たちのものの見方、考え方を深いところで決定している。

ここが使える

私たちは、自分が思っているほど自由に、主体的に物事を見ているわけではない、むしろ自分の属する社会集団が受け入れたものだけを選択的に見せられている、と考えるのが、構造主義的な考え方だ。

構造主義の源流——マルクスとフロイトの考え方

近代の知の巨人たちが、構造主義の思想的源流をつくったと言える。マルクスによると、**人間のものの見方は、その人がどの階級に属しているかで変わってくる。**お金に余裕のある人とない人では、生活のあり方、人間観、世界の見え方がすべて違ってくるのである。**階級が人間を規定する**というのがマルクスの考え方だ。

ここが使える

また、フロイトは、**人間は、自分が何者であるか熟知し、そのうえで自由に行動しているわけではなく、本人にもわからない無意識に衝《つ》き動かされている**ものと考えた。**無意識が人間を規定する**というのがフロイトの考え方だ。

ここが使える

マルクスもフロイトも、自分の判断を疑い、その根拠を自己の外部に求めた。こうした思考が、後に構造主義へとつながっていく。

ソシュールの言語観——言語ってなに?

ソシュールは、構造主義の始祖とされている人物だ。ソシュールは言語を通して人間の認識を考え、構造主義の大枠をつくり上げたと言える。

ソシュールは、ものの名前は、人間が勝手につけたものであり、ものとその名前は必然的に結びついているわけではないと考えた。たとえば、「イヌ」という言葉が「犬」を意味するのには必然性はない。さらに、ソシュールは、名前がつけられていないものは存在しない、ものは名前をつけられないと存在できない、という大胆な考え方も提示した。

ここが使える

言語が人間のものの見え方を規定しており、言語の規定の外にあるものは、われわれは認識しようとしないのである。

たとえば、満天の星空を見ても、星座の知識がない人には、それがたくさんの星の集まりにしか見えない。しかし、星座の知識がある人が見れば、サソリや熊や白鳥の姿が見えてくる。そのように、私たちは言語を通してものを見ているのである。

ここが使える

言語活動とは、もともとは切れ目の入っていない連続したものである世界に、言語によって人為的に切れ目を入れて世界をとらえ直すことである。名前がつくことによってはじめて、ある観念は私たちの思考のなかに存在するようになるのだ。

ここが使える

そして、言語は自分のオリジナルなものでなく、自分の属している社会集団が歴史の蓄積のなかでつくり上げてきたものである。つまり、**私たちはふつうに言葉を使っているだけで、すでにある価値体系のなかに取り込まれてしまっている**のだ。それほど私たちの認識は自由ではないと言えるだろう。

フーコーは歴史を、バルトは記号をこう考えた

フーコーは、構造主義的な考え方で、私たちの歴史認識をとらえ直した。私たちは、「いま・ここ・私」という現代の、最も新しい歴史を、最も優れたもの、進化の最高到達点として考えている。

しかし、フーコーは、歴史はよりよいものに更新されていくという考え方に反対する。フーコーは、現在の私たちの歴史は、数あるはずだった歴史の選択肢の一本にすぎず、絶対正しいものではないと考える。フーコーは歴史を相対化して考えたのだ。

ここが使える

一方、バルトは記号学を展開した。バルトは**しるしと意味の間には、必然的な関係はなく、でたらめさが記号の本質である**と考える。前述したソシュールの「言語」に近い概念だが、バルトの記号は、言語のみならず、服装、音楽、礼儀作法など、われわれの文化のありとあらゆる場面に及ぶ。**われわれは記号に取り囲まれて生活し、記号を通じてしか物事を見ることができない**のだ。

ここが使える

このように、**構造主義は、私たちのものの見方が、実は相当に文化に縛られていて、自由ではないということを、さまざまな観点から繰り返し語っている。**

上級

『ヨーロッパ「近代」の終焉』

山本雅男◎講談社現代新書

本書のエッセンス

小論文はもちろん現代文でも、入試問題には、よく合理主義、科学、ヨーロッパ中心主義、個人主義、民主主義、国民国家、人間中心主義などを疑問視する文章が出題される。合理主義は間違いではないか、科学には限界があるのではないか、個人主義は誤りではないか、人間中心主義は時代遅れではないか——そのような問題を提起する課題文は多い。

実は、これらの問題には共通点がある。これらの背景にあるのは「近代」「反近代」の問題だ。

少し前まで、ルネサンス以降のヨーロッパの「近代」の考え方が世界の常識だった。合理主義、科学、民主主義は正しいと「近代」社会に暮らすほとんどの人が常識的に考えていたわけだ。つまり、理性的に考えるのが正しい、理性的でない行動をとるのは異常だ、秩序が大切だ、科学によってすべてを解明できる、個人こそが世界を認識する主体だ――そのように「近代」のヨーロッパの人びとは考えた。そして、そのようなヨーロッパ「近代」の考えが、植民地主義とともに世界に広まった。それこそが近代精神であり、そうなることが近代化、そして進歩だったのである。

ところが、いまは、それらが疑問視され、ヨーロッパの「近代」の考えが終焉を迎えている。合理主義もヨーロッパ中心主義も間違いではないか、個人主義も科学もヨーロッパ式の民主主義も誤りだったのではないか、と考えられるようになっているのである。

このような点にもとづいて、「近代」の考えがどのようにして成立したのか、「近代」の考えとはどのようなものだったのか、現在そのどんな点が疑問視されているか、日本における「近代」とは何だったのかを、手際よく説明し、近代精神にかわる新しい考え方をとるべきだという立場の考えを示しているのが、この本だ。

いま、イスラム社会などから、西洋への反発が起こっている。そうした動きの背景にあるのも、「近代」の考え方に対する疑問だ。この本に書かれている内容が、これからの世界のあり方を考えるうえでも指標になる。

内容解説・使えるフレーズ

ヨーロッパ「近代」の人間像を生み出したのは「理性」

イギリスの犬はおとなしく、犬どうしがすれ違っても吠えあうことがない。なぜかというと、産まれてすぐにイギリスでは厳しい訓練に出されるからだ。動物たちは野生を失い、人間によってつくられていく。ところが、実は子どもの教育についても、同じことが言えるのだ。

ここが使える

ヨーロッパ社会の文化は、理性的精神に支えられた確固とした意識の上に築かれている。デカルト、カント、ヘーゲルなどの哲学者たちは、この健全な理性を前提に議論を組み立てている。そして、その理性的精神とは、ふつうの＝健全な大人の精神であることが決定的な条件だ。だから、子どもは、まだ理性を持たない半人前とみなされるばかりで、子どもらしさを捨てて理性を持つよう厳しく教育される。

ここが使える

しかも、近代精神において、理性が絶対視されるあまり、正常か異常か、理性か狂気かという区別がはっきりとされるようになった。**それまで決して排除されていなかった狂気が、近代になって、厳しく排除されるようになった**のである。社会的な約束事からはずれないのが正常で、そうでないのが異常とみなされるようになったわけだ。学問においても、研究上のタブーが増えて、その時代の主流となっている理論に反する研究は弾圧を受けるようになった。

そのため、正常と異常の区別は、実際には曖昧であるにもかかわらず、明確になされるようになって、健常者の理性を失っている精神的ないし肉体的異常者は、同等とみなされなくなった。**もともと自由であるはずの自己を拘束するのが、あるべき人間だとされるようになった**のである。

ここが使える

理性重視は「男性・白人・キリスト教・人間中心主義」をもたらした

理性重視で、健全な大人の精神を絶対視する近代の社会では、何よりも白人男性が最も優れた人間とみなされる。そのため、子どもや「異常者」のほか、さまざまな排除を行う。

ここが使える

女性も差別と排除の対象だった。理性的な男性がすべてを取り仕切るべきだと考えられて、とりわけ産業革命以降、男性と女性の社会的な役割分担が明確になされるようになった。その結果、女性は家庭内で育児・家事をする存在とみなされるようになったのである。

また、白人こそが、文明を持ち、理性的に志向できる存在だとみなされていたため、白人以外の有色人種は排除の対象だった。この白人中心の考えは、キリスト教中心主義ともからみあっている。ヨーロッパの人びとは、キリスト教を普遍的な真理だと考え、それを未開の地域に広めようとした。有色人種は、真理を知らず、理性的に考えることができない、啓蒙するべき対象とみなされた。そして、植民地主義とあいまって、ヨーロッパはアジア・アフリカに植民地を増やしていった。

ここが使える

しかも、**ヨーロッパ「近代」の合理主義精神は、普遍性に対する確信が強いために、個別的で特殊なものを偶然的なものと考えて、排除しようとする。そのため、異民族の個別的事情を否定して、異民族を抑圧するようになった。**

また、理性を重視する精神は、唯一理性を持つ人間を絶対視する人間中心主義にも及ぶ。人間も一介の生物にすぎないのに、そう考えずに、人間をすべての生物を支配する存在とみなす。こうして、人間は他生物を死滅させ、地球を滅ぼしかけている。

ここが使える

このように近代の人間は、**合理主義精神と文明崇拝のために、傲慢になって、さまざまな排除を行った。**だが、**これから必要なのは、これまで排除してきたものとの共存の道**だと言えるだろう。

近代合理主義はデカルトにはじまる

合理主義（理性を重視して考察し行動しようという考え）の特徴は、哲学者デカルトの書いた『方法序説』のなかの有名な言葉「われ思う、ゆえにわれあり」にあらわれている。この言葉の意味を簡単に要約すると、「人間の感覚は頼りない。錯覚に惑わされることが多い。そのような頼りないものを信じていたのでは、真実を知ることができない。そうして不確実なものを断ち切ったとき、それを断ち切っている自己の精神だけは確実だということに気づく。何ものにも頼らない自律的な自己は絶対確実だ」ということだ。

ここが使える

こうして、**デカルトは、思惟する「われ」こそが理性的精神の基本だと考え、精神という実体（それ以外のものを必要とせずに成り立つ存在）を最重要なものと考えた。**同時に、世界を成り立たせているのは、精神と物質という2つの実体だと考えた。

ここが使える

デカルトの思想によって、「われ」の精神を何よりも重視する「近代」の考えが定着した。同時に、物質は精神から切り離されたために、科学的に考察することが可能になって、科学が格段の進歩を遂げたのである。

デカルトの思想は、近代精神のあり方を探るうえで、有力な手がかりになっている。と同時に、いま、このようなデカルトの考えがふたたび検討されるようになっている。

もっとネタを仕入れたい人のための＋α《プラス》

「近代・ポストモダン」

もっと本格的な本としておすすめなのが、佐伯啓思**『人間は進歩してきたのか』**と**『20世紀とは何だったのか』**（ともにPHP新書）の2冊だ。少しむずかしい本だが、じっくり読めば理解できるはずだ。近代から現代にかけての流れを、政治や文明、芸術などの多方面から分析している。近代精神とは何だったのか、それのどこが問題で、これからどうあるべきかについて教えてくれる本だと言ってよいだろう。大学に入ってからも、社会に出てからも、考えるためのヒントになってくれる本だ。

また、昨今の流行や社会現象について知るためにおすすめなのが、千石保**『新エゴイズムの若者たち』**（PHP新書）である。この本では、若者たちの変遷をとらえつつ、現代の持つ時代性を明らかにする試みがなされている。ガングロや成人式の荒廃など、若者の問題行動や流行を解き明かしていくなかで、現代社会の変化のありさまを浮き彫りにしている。鋭い小論文を書くには、現代の若者の生き方についてしっかりと見つめておく必要があるが、その点で、この本は興味深い1冊だ。

第2部

「書くネタ」編

初級

『看護　ベッドサイドの光景』

増田れい子◎岩波新書

本書のエッセンス

看護の仕事は、尊いものである。病人の守り手になろうという看護精神は、複雑化して本質が見えにくくなっている現代社会において、数少ない純粋で尊いものである。

しかし、看護の仕事には、「報われない」面も多い。最近の風潮で、看護者を看護師と総称するようになったが、看護師の9割以上は女性であり、看護の仕事というのは、まだまだ圧倒的に女性の仕事だ。この国では、女性のすわる仕事を一段低いものと見る傾向が根強い。だから、看護師は「医師の手伝い女」と見られる傾向がまだまだ根強く、その仕事の内容にくらべて、社会的評価はまだ十分とは言えない。

実際、看護師の仕事は苛酷である。病人は、その病気の辛さゆえに、健康人よりも理不尽な行動に出ることが多い。重い病気で、意思の疎通、排泄行為などがままならない患者もいる。看護師は、そうした患者たちとつねに向かいあい、最善の看護を尽くさなくてはならない。そして、たとえ最善を尽くしたとしても、看護の結果が患者の死という悲しいものに終わることもある。

勤務状況も苛酷である。夜勤を含む三交代制。1人の看護師が何人もの患者を受け持たなくてはならず、休みも満足にとりにくい。たまにきつい態度の看護師もいるが、こうした勤務の厳しさを考えると、仕方がないのかなとも思ってしまう。

だが、優れた看護師たちは、どこかでこうした辛さを喜びへと変えるプロセスを経ている。看護生活のなかで、患者の辛さをすべて受け入れよう、患者の痛み・苦しみを受け止めようという覚悟を決める瞬間がある。この本にはさまざまな看護師たちが登場しているが、みんなどこかでその覚悟を決めている。その瞬間は感動的ですらある。

このような多くの看護師たちの体験談から構成されるこの本は、看護系の学部を志す人にとって参考になることが多いはずだ。たくさんの看護師の生き方から、将来自分の理想とする看護の輪郭を、明確に思い描いてほしい。

内容解説・使えるフレーズ

看護の本質は理不尽と向かいあうこと

看護師が看護するのは病人であり、それだけに健康な人に対するのとは多くの意味で違ってくる。急に病いと向きあうことになった患者は、混乱し、絶望する。人間は身も心も傷つきやすい存在であるが、病めばなおさらそれがあらわになる。それだけに、ここが使える **看護の仕事は、患者の痛み、苦しみ、理不尽で非合理的な要求と向かいあうことが本質にある。**

健康な人にはふつうに言えることでも、病気で心も体も病んだ患者にはなかなか言えなかったりする。ここが使える **患者の苦痛、不安、わがままなど、すべて無条件で受け入れようという慈愛精神に満ちた覚悟がなければ看護は成り立たない。**

患者と信頼関係を築くことが一番大切

看護師のＡさんによると、受け持ちの看護師というのは、看護面での主治医のようなものなので、患者と信頼関係を結びそこねると悲劇である。気むずかしい患者や、わがままを言う患者も多いのだが、ここが使える **看護師のほうが、それでも信頼関係を築くように努力しなく**

ここが使える

てはならない。患者は、病気のために努力する気持ちもなくしがちだからだ。**信頼関係を築くには、病状や治療の経過・結果など、看護師の立場でどこまで説明をするのか見極め、コミュニケーションの工夫をすることが大切**だ。患者と信頼関係をつくるのはむずかしいが、だんだん理解しあって、患者も努力するようになってくれることが、看護師にしかわからない喜びである。

「気持ちの看護」までできる看護師に

看護師の立場では、病気のことは医師まかせで、基本的に発言権はない。看護師は、排泄の介助、注射、薬の配布などをするばかりの医師のお手伝いと思われがちだが、看護の役割はそれだけではない。

ここが使える

看護の大切な役割は、患者を病気に立ち向かう気持ちにさせる環境づくりである。これは医療行為だけではできないことだ。患者は、ただ治療を受けるだけでなく、自分から病気を治そうとする義務があるが、看護師の細やかな気配り・雰囲気づくりで、患者を前向きな気持ちにさせることが重要だ。心電図が読めたりするミニ・ドクターのような看護師にはだれでもなれるが、こうした「気持ちの看護」までできる看護師になることは簡単ではない。そのためには、感受性を豊かにして、人間としての総合的センスを磨くなどの、ふだんからの目に見えない努力が大切になってくる。

恐怖と死は乗り越えなければいけない最初の壁

看護師のBさんは、最初、患者が恐くて仕方がなかったという。それまで健康な身体しか知らなかった人にとって、病に蝕《むしば》まれた身体というのは、異質なものだ。そして、最善の看護を尽くしても、その介護が死という形で終わることも日常的にある。にもかかわらず、看護の現場では、死に関する教育はほとんどなされていないのが現状だ。

ここが使える

恐怖と死は、看護師が乗り越えなくてはいけない最初の壁だ。病を身体に取り込んだ患者に対する恐怖を克服しなくては、看護ははじまらない。しかし、いつか「慣れ」が来るものだ。その「慣れ」は、経験を積んだ自分自身のなかでしか培われないものである。

苛酷な勤務状況をなんとか改善するべきだ

看護師というときつい仕事というイメージが強いが、現状もやはりそのとおりだ。勤務体制は、日勤・準夜勤・深夜勤という三交代制のところが多く、日勤と深夜勤の両方入る日も月に何日かある。その日は16時間病棟につめていなくてはならないのだ。
実際の看護師の現場では、深夜、患者の呼吸音をチェックしたり、1人の患者に対するカンファレンス（会合）に何時間もかけたりと、患者の目に見えない部分での仕事が多くて忙しい。こういう**厳しい勤務状況を改善し、ゆとりを確保しないと、患者の内面まで思いやる看護はむずかしい**というのは、多くの看護師が感じていることだ。

ここが使える

患者とともに生きる、それが看護

患者にとって、家族の存在が最も大きな癒しの力となる。外泊などで家族と会った患者は、検査の数値がよくなったりする。しかし、家族に見捨てられたような患者は、寂しさからナースコール常習者になりやすいと言われる。看護師は、そうした患者に対し、家族のように接し、その役割を果たすことも求められる。

ここが使える

看護の仕事には、見ず知らずの患者に対し、家族のような愛で接することが求められる。患者とともに生きようとするなかに喜びを見出す仕事、それが看護だ。人間をモノとして見る現代文化に反逆する、いつくしみに満ちた人間愛の到達点にあるのが看護精神である。その尊さが、厳しい日々の勤務をやりとげる力となっている。

医療・看護

中級

『医療の倫理』

星野一正◎岩波新書

本書のエッセンス

最近、社会が高齢化するにつれて高齢者医療の問題、医療ミスの問題、そして、医療倫理の問われる新しい医療など、さまざまな医療問題が出てきた。医療がこれだけ注目されるのは、医療が私たちの命にかかわる究極のテーマだからである。それだけに、人びとの医療を見る目は厳しい。その厳しさは関心の裏返しでもある。

とくに小論文で論じられることが多いのは、バイオエシックスが関係してくる医療行為だ。バイオエシックスを日本語に直すと「生命倫理」となる。医師はたんに技術的に治療に専念するだけでなく、バイオエシックス（生命倫理）に照らしあわせて判断する能力が求められるようになってきたわけだ。

科学技術の発達によって、生命維持装置を取り付ければ、脳は死んでいても身体は生きているという、脳死という状態が出てきた。また、科学技術の進歩は、臓器移植の可能性も広げた。しかし、それは人間の臓器をも商品のように売買していく行為につながる恐れがある。バイオエシックス（生命倫理）について考えることによって、こうした問題に対して、答えを見つけ出さなくてはならない。

また、海外から新しい医療概念が入り込み、日本の医療は変革を迫られている。代表的なものとして、医師が治療の情報説明をするインフォームド・コンセント、尊厳死を事前に本人の意思で取り決めておくリビング・ウィルなどがある。これらの新しい医療概念は革新的だが、旧来の日本人の価値観とはあいいれないところがある。これをどのようにして日本の医療に合ったものにしていくのか、模索が続いているのが現在の医療だ。

こうした新しい医療倫理を患者にどう適用していくのかについては、患者個人のケースによって、千差万別という面もあるが、判断の軸となるしっかりとした考えを持っておくことは重要だ。この本には、このような医療の倫理が問われるさまざまな問題が、幅広く論じられている。問題点を知り、自分の考えをまとめるための最適の材料になるはずだ。

内容解説・使えるフレーズ

脳死をどう考えるか

心臓死をはじめとする従来の死に対し、脳死という新しい死の形が生まれた。医療技術が進歩したために、生命維持装置を取り付けると、これまでは死を迎えていたような患者まで、延命できるようになった。そのような状態で、**身体機能は生きているが、脳機能が死んだ状態を脳死という**。

ここが使える

そのため、脳死を人の死ととらえるべきかが議論されている。**脳死後も、生命維持装置の作用などで生きているように見えるため、生かしておいてほしい**と訴える家族がいる一方、**脳死状態は人間らしい生き方ではないのだから、延命は望まない**という意見もある。

ここが使える

どちらを選ぶかは場合によるが、脳死状態になったらどうすべきかについて本人の意思を残しておくことは重要である。

患者主体の医療「インフォームド・コンセント」の考え方

一家の主が、強制的にある考え方やふるまいを家族に押し付ける態度をパターナリズムという。医師が患者に対するときも、このパターナリズムを発揮して、強制的・高圧的に医療行為が行われることが問題になってきた。そこで登場してきたのが、インフォームド・コンセント（「説明と同意」と訳される）の考え方だ。

ここが使える

インフォームド・コンセントがめざすのは、患者主体の医療の実現である。患者には、医師から病状や治療法などについての説明を受ける権利があり、それによって、どの治療法を選ぶかの自由が与えられる。一方、医師には、患者に対しての説明義務がある。**インフォームド・コンセントがうまく機能すれば、患者・家族と医師の間に温かい信頼関係が生まれ、医療行為をスムーズに行うことができる**ようになる。

しかし、インフォームド・コンセントの実行にはむずかしい場面もある。患者が治療不能な病気を患っているとき、インフォームド・コンセントは「死の宣告」となってしまう。とくに、末期がんの告知の場合は深刻だ。

ここが使える

その場合、**大切なのは「医師には、他人の生きる望みを失わせるような表現で告知をする資格も権利もない」ということをしっかり認識しておくこと**だ。このことを念頭において、告知のタイミング、言い方、情報をどう取捨選択するのか、といったことを熟考する必要がある。**機械的な告知は患者の人格を無視したもので、決してなされるべきではない。**

大切さが増しているリビング・ウィル

ここが使える

リビング・ウィルとは、患者が生前、または十分に知的判断力が残っているときに、死後あるいは知的判断力を喪失した場合に、どのような処置を望むのか、あらかじめ意思を残しておくことだ。現在の医療では、リビング・ウィルが重要な役割を果たすことが増える可能性が高い。

まず、尊厳死や安楽死の問題である。尊厳死とは、植物状態で、生命維持装置によって生きているだけという状態に陥った場合、こうした生は人間らしい生とは言えないから、生命維持装置をはずして、自然の形で死なせてほしいと望む死である。

一方、安楽死とは、治癒の見込みがない末期の病気で、患者の苦痛が耐え難いものである場合、医師の処置によって死を早める行為だ。

ここが使える

医師は本来生命の延命のために努力するべき存在だ。そのため、尊厳死や安楽死が医師にふさわしい医療行為なのかどうか、議論が絶えないが、リビング・ウィルを残しておくことで、このむずかしい判断のよりどころにできる。

また、臓器移植の意思についても、リビング・ウィルは重要な判断基準になっていくだろう。その際は、ドナーカードに、臓器移植の意思を書き記しておくという形をとる。

臓器移植は人生最後のボランティアである

ここが使える

臓器移植は、死後に自分の臓器や組織を提供して、それを必要としている患者に役に立ててもらおうというものだ。文字どおり、**自分の身体をかけた、人生最後のボランティア行為が臓器移植だ**と言うことができるだろう。

生きている人から移植する場合は、生体臓器移植と呼ばれる。臓器移植は重要な医療行為で、需要も大きいが、日本人は臓器移植に積極的とは言えない。「自分の身内が臓器移植をするなんてとんでもない」といった類《たぐい》の、感情的な反発が多いのが現状だ。

ここが使える

しかし、**臓器移植は、生前お世話になった社会への最後の恩返しという尊い行為**であり、そうした意識が日本社会にも馴染めば、臓器移植はもっと一般的なものになる。

ここが使える

こうして見てきたように、現在医療の現場では、医療技術の進歩がもたらした新たな問題に、倫理的な観点をどう解釈していくかが問われている。**大切なのは、人間はどのような死を迎えるべきか、充実した生とは何か、そのことをつねに問い続けていくこと**である。

そうした思考を積み重ねることで、医療の倫理に対する答えはあらわれてくるだろう。

もっとネタを
仕入れたい人のための
プラス α

「医療・看護」

日本の医療技術や、医療を取り巻く環境は、まさに日進月歩の勢いで変革している。だから、小論文を書くうえでも、日頃からニュースや新聞にしっかりと目を通しておかないと、現在中心となっているテーマに乗り遅れてしまう。とくに、新しい科学技術が医療の現場に導入されたときや、それまで禁止されていた医療行為が新しく法制化されて認可されたときなどは、医療を取り巻く環境が大きく変化する可能性がある。

現在、最先端の医療トピックにはどんなものがあるのか。そのことが知りたい人は、加藤尚武**『脳死・クローン・遺伝子治療』**（PHP新書）を参考にするといいだろう。クローンや遺伝子治療から、性転換手術にいたるまで、最近注目されている先端医療にとくにテーマを絞って、長所・短所ともに論じられている本である。

また、橳島《ぬでしま》次郎**『先端医療のルール』**（講談社現代新書）も、他人の肉体を再利用できるようになった社会において、どのようなルールを設けるべきかという刺激的な題材をあつかっている。これも、医療系を志望している人はぜひとも読んでおいてほしい本だ。

第2部

「書くネタ」編

中級

『個人と国家』

樋口陽一◎集英社新書

本書のエッセンス

近年、戦後民主主義の主張はあまり輝きが見られない。「戦後を疑え」「戦後の総決算」と言われて、否定・克服すべき過去の遺物のようにみなされることもある。これには、次のような背景がある。

戦後民主主義とは「個人の自由」「民主主義」「平和主義」などとまとめられる考え方であり、その実現を邪魔する封建主義や軍国主義を否定・批判するものである。たしかに、この主張はかつて輝かしい魅力を持つものだった。しかし、今日では「個人の自由」や「民主主義」はあまりにも当たり前のものになってしまっている。だれもそれを否定する者はなく、むしろ競って主張されるくらいである。

その間に、昔には見られなかった新たな問題が発生してきている。すなわち、戦後民主主義という思想は、当たり前のことを強調するだけで、今日の課題に十分にこたえていないという不満が生じるようになったのである。また、「平和主義」にも不満が生じており、「平和主義」は国際政治の冷厳な現実から目をそむけ、日本一国だけで孤立して平和を守ればよいという考えだとみなされるようになっているのである。

この本は、その戦後民主主義の考え方に基本的に立脚しながら、憲法や国家、人権などを論じているものである。しかし、著者は戦後民主主義思想の陥っている前述の弱点をよく自覚している。そこで、近年の議論にもできる限り誠実に対応して、たんに「個人の自由」「民主主義」「平和主義」をお題目としてとなえるだけにならないよう努めている。それが、この本の特徴である。

差別の解消のためにとられる積極的是正措置（アファーマティブ・アクション）は古典的な平等観（形式的平等）と矛盾するのではないか、文化多元主義は人権の普遍性と両立するだろうか、また、少年法の理念はどうあるべきか――これらの話題に踏み込んで、簡単に割り切ることのできない苦渋を語っている。ともすればマスコミの感情的議論に流されがちな私たちには、この本の議論のはがゆさに歩調を合わせて考えることも必要だろう。

内容解説・使えるフレーズ

国家の出番が逆ではないか

ホッブスは、人は人にとってオオカミであるから、契約を結び、力を国家に預けて、自分たちの安全を確保するという論理によって、近代国家の原型をつくった。ホッブスのいう国家は、あくまで個人の安全の確保という目的のために結ばれた契約の産物である。

ところが、近頃は自由に経済競争をするべきで、それを邪魔するような規制はなくそうとする傾向が強まっている。そのため、経済力のある人がますます強くなり、経済的に失敗した人が、貧しい生活をするようになっている。経済的な自由を尊重すると、どうしても、弱肉強食の社会になる。国家が個人を守ろうとしていないのである。

ここが使える

逆に、「日の丸」「君が代」問題では、やみくもに国家が強調されている。国家意識を強く持つ人が増え、国家に反対する人が排除されるという事態が起こっている。つまり、**国家の不在と国家の過剰という両方の組み合わせが現在見られる**のである。

ここが使える

そして、ここで注意しなければならないのは、国家の出番は本来逆だということである。**人びとの心の問題について国家は中立を保ち、やみくもに出てきてはならず、市民生活**

の安全や経済的な生活水準の維持については国家がきちんと役割を果たすべきなのだ。

最近、個人の自発的な創意と自己責任の尊重ということがよく言われる。だが、その場合だけ「個人」が強調され、「日の丸」「君が代」に疑問を持つ自由については干渉されるのはおかしい。

ここが使える

新しい立憲主義が必要だ

現代では、だれもが民主主義という言葉を用いて、自分たちを正当化する。**独裁者も民主主義を否定しない**のである。スターリンは人民の名において粛清を行い、ヒトラーも選挙で第一党になって支配体制を築いた。サダム・フセインも国民投票での圧倒的支持を誇ったのである。そのほか、現代の独裁的な体制をとる国のほとんどが、自分たちの国家こそ、ほかのどの国家よりも民主的であると主張する。

そんな時代において、民主的な外見を持っているかどうかだけで、その国家が真に民主的であるか、真に国民本位の政治を行っているかを判断することはできない。そこで、重視すべきなのが、新しい立憲主義である。

「立憲主義」とは、もともとは、君主も憲法にしたがって統治するという考え方を示すものだった。君主といえども勝手なことはできない、議会の言い分も聞き、憲法にもとづいて行動しなければならない、というのがこの考え方の基本だったのである。19世紀のドイツの体制にならって、明治の日本が取り入れたのが、この立憲主義だった。

これからは、かつての立憲主義をヒントにして、新しい立憲主義を打ち立てるべきである。**新しい立憲主義とは、自分で「民主」だと主張する政治権力も制限するべきだという考え方**である。具体的には、議会のつくった法律も憲法を基準に無効と判断できる違憲審査制度を、もっと重視することだ。

こうすることによって、民主主義を口で言うだけの政府（すなわち、形式上は民主主義的な手続きをとりながらも実際にはそれに反する行動をとる政府）の活動を制限できる。それができれば、裁判部門が政治部門を監視し、両者の緊張関係のもとで、対抗しつつ均衡を見出すことができる。これからは、そのような制度を模索するべきである。

文化多元主義と人権をどう折り合わせるか

「世界にはさまざまな文化がある。だから、そのすべての文化を尊重しよう」というのが文化多元主義の考え方だ。いま、この文化多元主義が幅を利かせている。だが、この立場からすると、人権の尊重というのも結局はひとつの文化なのだから、そうでない文化があってもよいという主張が成り立つ。たとえば、女性を差別する文化が伝統になっているのなら、それなりに尊重されるべきだ、ということになってしまう。

たしかに、芸術や文学の領域なら文化多元主義は留保なしに認められるべきである。ベートーヴェンの大交響曲と南太平洋の太鼓との間に価値の優劣はない。しかし、人権の領域についてはそうではない。カニバリズム（人食い）の習慣はひとつの文化だから大事に保存すべきだ、ということにはならない。拷問もまた同様である。場合によっては拷問も許されるべきだという文化は、好みの問題にすべきことではない。そのような文化を認めるわけにはいかない。

ここが使える

男女平等については中間的なケースで、判断がむずかしい。**男女が平等にあつかわれない文化を性急に否定するべきではないが、そういう文化のなかで育った人がそこから逃げ出したい、拒否したいという自由を迫害することを許してはならない。これが、文化多元主義と人権の普遍性とのぎりぎりの接点**である。

中級

『国家の役割とは何か』

櫻田淳◎ちくま新書

本書のエッセンス

戦後の日本では、「国家」という言葉はあまり人気がない。私たちの心のなかには何となく、国家というと個人を抑圧する悪いものであり、国家より個人のほうが大切だという理屈以前の気分がある。その結果として、国家というものについて、正面からきちんと考えることをしなくなる。よい悪いは別にして、国家とは何なのか、国家は実際にどういう働きをしているのか、現実をしっかり見ておこうという問題意識が失われがちだ。

この本は、書名が示すとおり、現実の国家はどういうものかということをまとまった形で解説している。著者の説明は、「そもそも」という抽象的なところからはじまっている。人間社会を機能させるには秩序が必要だ。その秩序を形成する営みが政治である。政治とは要するに人びとを思いどおりに動かすことなのだから、その手段は次の3つになる。すなわち、脅かして言うことをきかせるか（力による恫喝《どうかつ》）、金銭などの利益を与えて誘導するか（利益による誘導）、人の気持ちに働きかけて説得するか（象徴による説得）のいずれかである。「国家」というのは、社会に秩序を与える枠組みである。それゆえ、先に述べた政治の3つの手段に対応して、力の体系、利益の体系、価値の体系であるということになる。

このような整理箱にもとづいて、国家のさまざまな働きや制度がこの本では具体的に説明されている。そのため、この本を読むと、国家に関係するさまざまな問題が体系的に理解できる。国歌や国旗、栄典制度などというものも、どうしてそんなものがあるのかが、賛否は別としても、その理由が納得できる。

この本の著者は、どちらかというと保守的で、すでに紹介した『個人と国家』の著者とは反対に、戦後民主主義に批判的な立場をとっている。しかし、にもかかわらず、どちらの著者もホッブスの国家論を引き合いに出している。2冊をあわせて読むことで、国家と個人の関係についての考えを深めることができるだろう。

内容解説・使えるフレーズ

「力」の行使は国家の本質だ

国家は罪人を死刑にしたり、戦争を行ったりできる。死刑を宣告する裁判官や執行する刑務官は、道徳的に非難されるべき人びとではない。軍人が戦闘で他人の生命を奪っても、国際法にのっとったものであれば刑事責任は問われないのだ。

このように、国家は暴力を用いることが許されている。**利益による誘導と説得は国家でなくても行えるが、力の行使は国家だけに認められたもの**である。そして、国家は暴力を使うことが許されるからこそ、それを行う人びとには特別の資質と倫理感を身につけることが求められるのである。

ここが使える

政治家は、国民生活の安寧《あんねい》という善を実現するために、暴力という悪魔と手を結ばなければならない。そのとき**政治家に求められるのは、道徳的な潔癖さという「心情倫理」ではなく、結果に対して責任を負う「責任倫理」である。政治家には「こんなはずではなかった」という言い訳は許されない。**

ここが使える

戦後の日本では、利益による誘導が主な政治の手段になっている。つまり、お金の力で政治的な問題を解決したり、文化や経済を活発にしようとしてきた。そのため、力による恫喝《どうかつ》という国家の本質が見落とされてきたのだ。その結果、緊張感と覚悟が失われ、政治家に「責任倫理」の意識が薄くなったと言える。政治の貧困は、そこに遠因がある。

利益誘導にはメッセージが必要だ

宮崎駿監督のアニメ映画『千と千尋の神隠し』に「カオナシ」という妖怪が出てくる。カオナシはヒロインの千尋に無言で砂金を渡そうとするが、なかなか受け取ってもらえない。最後には千尋に「あなたには私の欲しいものがわからない」と言われてしまう。

カオナシは、「利益の体系」としての国家の役割の意義と限界を暗示していると言える。日本は世界に巨額の富を流し、国連にもアメリカにつぐ規模の分担金を支出しているのに、それに見合った待遇を得ていない。それからもわかるように、**利益による誘導は、明確な意図があって、それを言葉で表現しなければ、期待された結果に結びつかない**のである。

ここが使える

また、カオナシが豪遊して砂金をばらまくと、人びとが群がってくる。これは、政治家が選挙区に利益をばらまき、高速道路や鉄道網の整備などの公共事業を決めると、地元の人びとが群がってくるという国内政治の様子をあらわしている。しかし、現在の日本では、もはや一般国民の側から政治家に対して「あなたには私の欲しいものがわからない」という声が出ているのではないか。高速道路や鉄道網の整備をすると、本当に地方の振興につながることになるのか、検証されるべき時期に来ているのである。

歴史や言語の「象徴」によって国家は一体感を保っている

アメリカの人類学者B・アンダーソンは、国民を「想像の共同体」だと言っている。国民という共同体は、「私は彼と同じである」という意識によって成立しているというのだ。「私と同じ人びと」という意識による集団は、同窓会や県人会、同好会などさまざまな形で形成される。それを国民という枠組みでまとめるためには「象徴」がしっかり機能していることが必須の条件である。人びとに共有される象徴としてあるのが、国家元首や国旗・国家、民族意識や宗教、言語や歴史認識、芸術・文化などである。これらの象徴によって、自国の人びとに対しては「同じである」と確認し、他国の人びとに対しては「違う」と感じる。

ここが使える

国家は「象徴」によって、本来ならば互いに面識のない人びとに対して「われわれは同じ国民である」という一体感を与えているのである。

「力の体系」や「利益の体系」としての国家の役割は、人びとの生存や豊かさといった

ここが使える

なかば動物的な求めにこたえるものである。それに対して**「価値の体系」としての国家の役割は、「自分は何者か、という問いに答えを見つけたい」という人間ならではの欲求にこたえるもの**だ。だから「価値の体系」としての役割には、ほかの2つにない重みがある。

グローバル化によって国家の役割が増している

現在、グローバル化の流れのなかで、近代国家の枠組みが揺れ動いている。グローバル化すると、ひとつの国家が国民としてのまとまりをつくるのはむずかしくなってくる。いくつもの異なる「価値の体系」どうしが接触し、摩擦が生じることになる。

それゆえ、グローバル化が進展すると、「価値の体系」としての国家の役割はこれまで以上に重要になってくる。

ここが使える

他国の人びととの関係をうまく取り結ぶには、まず確固とした自分がなければならないが、自分の持つ価値がどのようなもので、自分とは何かを確認するには「価値の体系」としての国家が必要なのである。

同時に、それぞれの国の独自性を越えた共通の了解を模索すべきだ。自分の価値を大切にするだけでは、偏狭になってしまう。グローバル化の時代には、各国が「国境を越える義務」を引き受けてこそ、人類が共通して直面する課題に適切に対応できるのである。

中〜上級

『政治の教室』

橋爪大三郎◎PHP新書

本書のエッセンス

先の2冊で、戦後民主主義を守ろうとする進歩派とそれに反対する保守派をそれぞれ取り上げた。日本の戦後政治が、両者の対立を軸としてきたのは確かである。しかし、近年では、そういう対立軸自体が人びとの関心事ではなくなっている。そして、どちらともしっくり合わない新しい感覚が生じてきているのである。

そんななか、この本は、そういう現在の市民意識にこたえようとするものである。草の根民主主義を求める市民に向けての政治の入門書・教科書であることをねらいにしている。

この本は「原理編」「現実編」「改革編」の三部に分かれている。まず「原理編」では、古今東西を大きく見渡して、そもそも政治とは何かという問題が論じられる。ギリシャの民主制、ユダヤ教（キリスト教）、儒教が取り上げられている。ギリシャの民主制はともかく、ほかの2つが現代の民主政治と関連して論じられることは少ないだろう。政治を論じるには歴史の教養が必要であることを教えてくれる。

次に「現実編」では、戦前・戦後の日本の政治をどうとらえるかという問題に対してのユニークな見方が語られている。著者によると、戦前の日本が「天皇大権」にもとづく国家であったのに対して、戦後はそれが「アメリカ大権」に置き換えられたというのだ。

最後の「改革編」では、手づくりの政治、市民が主役となる政治を実現するための実践的な処方箋が記されている。そこには「何もしないで政治が悪いと言っていてもダメだ」という著者のメッセージが込められている。以上をあわせて、全体で市民に必要な政治的教養をコンパクトにまとめたハンドブックになっているのが、この本だ。

著者の専門は社会学であり、学者の分類でいえば政治学者でも法律学者でも歴史学者でもない。だが、そのことが著者にとっては利点になっている。専門分野の学問のしがらみにとらわれず、ダイナミックな議論を展開することができるからだ。専門に細分化された現在の社会科学で見られない大胆な発想が、この本の特徴である。

内容解説・使えるフレーズ

民主主義の強みは決定の正統性にある

政治では、決定に不服のある人も「仕方がない」と納得して、それにしたがうような手続きが必要である。その手続きは、何も多数決に限らない。原始的な社会では神様のお告げを聞く儀式によって決める祭政一致が行われていた。少し時代が下ると、国王が決める王制も登場する。いずれも決定の正統性をつくり出すために工夫された政治制度のバリエーションである。

ここが使える

民主制は多数決で決めたことに正統性があるという制度だが、これにも欠点はある。多数派の意見だからといって内容的に正しいとは限らないのだ。すなわち、**民主主義は衆愚政治に陥る危険がある。しかし、民主主義は最も強力な正統性があるというところが、ほかの制度より優れている**。民主主義以外の制度では「自分たちでない者が決めた」という異議申し立てが起こるが、民主主義を採用している限りそのような異議申し立ては起こらないのである。

戦前の国家のどこに欠陥があったのか

明治維新は、武士の行動原理である「主君への忠誠」が天皇に集まることによって成しとげられた。そのため、明治国家は天皇の権威によって根拠づけられたものとなり、ヨーロッパの近代国家とはだいぶ異なるものになった。これは、近代化を大至急やりとげるためには、とりあえずの手段として有効だった。

しかし、本格的な近代国家の建設のためには、それではすまなくなり、維新から20年後になって明治憲法が制定された。本来、憲法は国家の基本法である。よって、天皇より憲法が上位であり、天皇は国家機関として憲法のもとにあるはずだ。しかし、**明治維新は天皇の権威によって実現したため、天皇は憲法を生み出す法を超えた存在として、憲法の上位にあるものと考えられるようになった**。明治憲法は、そういう矛盾をはらんでいたのである。その矛盾が次第に大きな欠陥となってあらわれてくる。

ここが使える

この矛盾は実力者である元老（明治維新の功労者たち）がつじつま合わせをすることで、なんとかうまく運営されていた。だが、元老があらかた死に絶えると、制度の欠陥が表面化し、国家がコントロール不能になった。こうして軍部の独走が生じていったのだ。

戦前は「天皇大権」、戦後は「アメリカ大権」

戦前は、明治憲法の上に天皇大権があり、「天皇大権→憲法→人民」というしくみになっていた。敗戦によって天皇は連合国最高司令官に従属することになり、国家統治の大権はアメリカに握られた。そして、「アメリカ大権」のもとに新憲法がつくられた。したがって、「アメリカ大権→憲法→人民」という図式になる。

本来、民主主義であれば、人民が憲法をつくるのだから「人民→憲法→人民」という形になり、自分で自分を統治することにならなければならない。しかし、ここが使える **人民と関係のない大権によって憲法がつくられ、その下に人民が位置するという構造は、戦前も戦後も変わっていない**のである。

近年、憲法は自分たちで自由につくりかえていいのではないかという感覚が少しずつ根づいてきている。ここが使える **憲法の改正を自由に論議することは、民主主義にとってよいこと**だ。

「金をかけない」のでなく、金の流れを透明に

「金のかからない政治が理想の政治」ということがよく言われる。しかし、これは「政治にはお金がかかる」という当たり前の前提を認めない非現実的な考えである。かつて、

青島幸男氏などのタレント政治家が選挙にお金をかけないことをキャッチ・フレーズにしていたが、実際にはマス・メディアの報道の力によって当選しているのが現実だ。マスコミの宣伝効果を広告費に換算したら大変な金額になる。マス・メディアに取り上げてもらえない候補者は、まっとうな選挙運動を行うだけでかなりの費用がかかる。

ここが使える

きれいごとを言うだけでは制度の提案にならない。かえって国民の目の届かないところで闇の政治資金が動くようになり、それが政治をむしばんできた。**政治にはお金がかかるという現実を認めたうえで、すべての政治資金が表で動くようにしなければならない**。

コストを負担しないと、関心も持てなくなる。サラリーマンは税金を給料から天引きされているため、政府の行動に無関心である。国民が政治資金（政党の経費）を負担すれば、政治への関心も高まるはずだ。政党も、経費を業界団体から集めているうちは、国民の声に耳を傾けようとしない。国民のために一生懸命に働く政党をつくるのには、なるべく多くの国民が、そのコストを負担するのでなければならない。

ここが使える

政治をクリーンにするために必要なのは、お金を使わないことではなく、必要なお金を正しい方法で集めることである。1000円程度の会費を払って政党の集会に参加し、候補者の予備選挙を行う「党員チケット制」というのは、ひとつのアイデアである。

法・民主主義

もっとネタを
仕入れたい人のための
プラスα

「法・民主主義」

国会では、つねに新しい法律がつくられ、また古くからある法律が改正されている。ときには賛否が激しく対立し、もめている国会審議の様子が報道される。現場での議論の雰囲気がわかると、無味乾燥に思える法律というものが面白くなってくる。

読売新聞政治部**『法律はこうして生まれた』**(中公新書ラクレ)は、15本の法律を取り上げて、制定のいきさつを語っている。臓器移植法、NPO法、少年法改正、国旗国家法、イラク復興支援特別措置法など、いずれも論議を呼んだものばかりである。通読する必要はないが、興味のあるところだけでも目を通しておくとよいだろう。各項目で中心人物のインタビューを載せているのが、この本の特徴だ。当事者のナマの声を聞いておくと、その問題を取り上げるときに鋭い論じ方ができるだろう。

「人権」のテーマとも関係するが、外国人の参政権(選挙権)というのも、近年話題になっている。外国人への選挙権付与問題については、長尾一紘**『外国人の参政権』**(世界思想社)が憲法論の立場で論点を整理している。きちんとした議論のための土俵として、不可欠な知識を学べて有益である。

第2部

「書くネタ」編

初級

『豊かさの精神病理』

大平健◎岩波新書

本書のエッセンス

若い人たちには実感がないことだろうが、かつて日本は「貧しい国」だった。ロングセラーとされている少し古い本を読むと、「日本のように貧しい国では」とか「欧米のように豊かな社会では」という表現に出くわすことがある。日本が世界でもトップレベルの豊かさを誇るようになったのは、ここ20~30年くらいのことである。つまり、今日の豊かさは当たり前のことではなく、ある時期に達成されたものなのだ。

貧しさから豊かさに移行するということは、大きな社会の変動である。当然のことだが、豊かになった時代には、それ以前には見られなかった、新たな社会現象や病理などが発生してくることになる。

この本の著者は精神科医である。著者の診察室には、さして病気とは呼べない程度の、軽い悩みを抱えた人たちが訪れてくる。この本は、そういう「患者」たちの「症例」を集めてまとめたものである。

相談に来た人びとの訴えには大きな特徴が見られる。それは、ブランド品などの多くの商品について、カタログを読み上げるようにえんえんと細かく語る、ということだ。つまり、「モノ」について語るというのが「患者」の特徴なのである。そこで、著者は、そういうタイプの「患者」を「〈モノ語り〉の人びと」と名づけた。

次から次へと紹介されていく「〈モノ語り〉の人びと」の話は、それぞれが実に興味深い。そして、次々と、自分自身を見失い、モノに振り回され、モノによってしか自分を表現できなくなった人びとを描き出している。

この本のいいところは、読むのに苦労する本ではないということだ。あっという間に楽しく読むことができる。そして、読んでいるうちに、読者は次のことに気がついてくる。〈モノ語り〉の人たちは、決して異常な人間ではなく、私たちの周囲にいくらでもいるふつうの人たちではないだろうか、彼らはモノに振り回される現代社会のゆがんだ豊かさを生きている、ごくふつうの人ではないだろうか、ということを。

内容解説・使えるフレーズ

「〈モノ語り〉の人びと」ってなに？

〈モノ語り〉の人びととは、自分であれ他人であれ、人について説明するのが苦手な人たちだ。「私ですか……えーと」「その人は、なんていうか……」といった感じで要領を得ない。

しかし、そんな〈モノ語り〉の人びとも、自分や相手の持ち物について尋ねられると、急に活発に話し出す。「私、鞄はヴィトンで……」「あの人、若い娘の真似してリーボックなんて履いちゃって……」。モノを媒介にすると雄弁になる人たちだから「〈モノ語り〉の人びと」なのだ。

〈モノ語り〉の人びとには、人との摩擦を避けようとしてモノの世界に向かうという共通性が見られる。**人付き合いよりモノに逃避するのが〈モノ語り〉の人びと**なのだ。

ここが使える

「いい人ばっかり」に囲まれて「幸せ」だと述べる若い女性の例では、実のところ、彼女は、他人に心を開くことをせず、限られた範囲内でしか人とかかわっていない。

また、健康食に凝っている30代の男性は「腸内細菌を増やす」と言って、まるで自分の身体を培養試験管のように操作するかのごとく、ヨーグルトを食べたり牛乳を飲んだりする。恋人をマネキンや人形のように見たり、友達をスカーフのブランドで分類して覚えていたりする人たちもいる。

ここが使える

これらの人びとは、人をモノとしてあつかっている。**人はコントロールしがたいので、コントロールしやすいモノに置き換えているのが〈モノ語り〉の人びと、ひいては現代人なのだ。**

モノはわれわれの個性を表示する

〈モノ語り〉の人びとは「ポリシー」という言葉を好んで使う。「なかには流行で買うやつもいるかもしれませんけど、僕の場合、自分のポリシーがありますからね」といった具合だ。

ポリシーとは、モノ集めの方針のことだが、生活の編成の方針でもあり、自分の生活のあり方についての方針でもある。つまり、彼らは、自分たちはほかの人と違って、ポリシーがある、だから、自分にはしっかりした個性があると考えているわけだ。

ここが使える

個性とか、能力、自己実現といった概念はあいまいだが、モノが表示してくれたり、引き出してくれたり、約束してくれたりすると、とらえやすく実行しやすくなる。**現代人に**

とって、モノは、個性などを示すための役割を果たしているのだ。

モノは人間のランクも表示する

〈モノ語り〉の人びとは「ステップ・アップ」「ワン・ランク・アップ」という言葉をよく口にする。「お金持ちと結婚すれば、ステップ・アップすることはそれほど大変じゃない」というように、だ。

彼らにとって、持ち物がアップすることこそ、自分自身がアップすることだ。「いい物、本物、確かな物を持っていると自分がしゃきっとするんです」「(ブランドをそろえると)人間もだんだんブランド人間になるんだと思います」というわけだ。

ここが使える

このように**モノは生活のランクを示しているので、生活の向上とは生活を構成するモノの向上**である。多くの人びとが成り金趣味を軽蔑しながらも、心のどこかではリッチになりたいと願っているのが現代人の本質なのである。

ここが使える

しかし、**どこまでいってもワン・ランク上がありえるので、人びとは豊富なモノに囲まれながらも、貧困感をぬぐい去れずにいる**のだ。

「お金で買えないもの」のためにモノを買う現代人

愛や幸せもモノが絶対である。「口で愛してるとか言ういい加減なのは嫌いだから、バシッといきます。バシッとプレゼント」と口にする若者。

いまの日本では、安物のプレゼントは「義理」、高価なプレゼントは「誠意」「愛情」そのものである。親しき仲こそ高価なプレゼント、なのである。

子どもにはドイツ製のおもちゃに東大生の家庭教師、いいモノだけを与えてきた、と語る母親。幸せな生活には、カメラやビデオ、自動車やAV装置……これら一連の「幸せ定番グッズ」が必要不可欠なのである。

ここが使える

人びとは、「モノが愛そのもの」「モノのある生活こそが幸せ」というように、**モノそれ自体が必要なのではなく、「お金で買えないものを求める」ためにモノを購入している**のである。

ここが使える

ただ、このような人たちの需要によって経済はうるおっていることを見逃すことはできない。「本物指向」「高級指向」によって、海外からの輸入も増えている。**戦後の日本人は、絶対に欲しいモノ、少しがんばれば手に入るモノを目標に立てて、次々とそれを達成してきた**。こうしてモノにあふれる「豊かな」社会がつくられたのである。

中級

『人間にとって経済とは何か』

飯田経夫◎ＰＨＰ新書

本書のエッセンス

テレビの討論番組では、経済状況の判断や経済政策のよし悪しについてさかんに議論が闘わされている。それを見ていても、対立する意見や主張のどちらが正しいかを判断するのは、素人にはなかなかむずかしい。経済学という学問をある程度知っていないと判断できない問題も多いからだ。それは、打ち上げたロケットが火星に到達するだろうか、という問題を判断するのに、物理学をわきまえていなければならないのと同じことである。

物理の勉強をするには、数式のつまった教科書を習得しなければならない。経済学の場合もそれと同じで、まずは教科書で基礎から学ばなければならない。そのため、一般向けの本で経済についてわかりやすく解説しているものは、なかなか見当たらない。たいていの場合、読者に予備知識があるものという前提で書かれている本か、あるいは学問的な説明を断念した、素人向けのエッセイになってしまう。

この本は、どちらかというと一般向けのエッセイである。だから、予備知識なしでも読みとおすことができる。しかし、肝心なことがわからずじまいに終わってしまう本ではない。読み終えたあと、現在の日本経済をめぐる問題についてまとまった理解を得ることができ、討論番組などでの意見の対立ポイントがよく理解できるようになるだろう。

ここ数年来ずっと問題になっているのが、規制緩和をはじめとするアメリカ流の市場原理主義にもとづく日本経済の「構造改革」である。ある者は改革のスピードが遅いからダメだと言い、別の者は誤った改革によって不況がもたらされたと言う。それぞれの背後にはどういう考え方があるのか、この本を読むとそれがわかってくる。

この本の著者の立場は、アメリカ流の構造改革に対して批判的な側である。そこで、この本では、日本的経営のよさ、アメリカ的経済思想の問題点に力点が置かれている。しかし、アメリカ流の考え方が勢いを増してきた事情についても正しく見て指摘されている。この著者の特徴と言えるのが、穏健で中立な態度だ。だから、『豊かさの精神病理』のところで問題にされた「豊かな日本」についても、喜ばしいものだととらえている。

内容解説・使えるフレーズ

不況だと言いながらも日本は豊かである

日本は数年来ずっと不景気だと言われ続けている。しかし、1930年代の恐慌のときのような悲惨な状態とは明らかに違っている。日本は昔にくらべるとはるかに豊かになっているのだ。

これだけ豊かになると、消費者はもう新しく買いたいものがなくなってしまう。（ここが使える）**これまでの不況対策（景気対策）は、消費を活発にさせようとするものだったが、それは満腹の者にむりやり食べ物を食べさせようとするのに等しい。**効果が出ないのはある意味で当然なのである。

20世紀前半の経済学者ケインズは「孫の時代には貧乏がなくなっている」と予測した。たしかに、今日少なくとも先進国では明日の食べ物にこと欠くほどの貧乏はなくなった。しかしそうなると、（ここが使える）**経済学は貧乏からの脱出という目標を達成したわけで、いま新たに経済学の存在理由が問われている。**

ここが使える

ここが使える

ここが使える

終身雇用、年功序列、根回しは、日本だけの特質ではない

日本の企業の特徴として、終身雇用や年功序列、根回しによる決定がよく指摘される。つまり、日本では、いったん会社に入ったら、よほどのことがない限り、会社を辞めることはなく、だんだんと地位や給料が上がっていくわけだ。それゆえに「日本はすばらしい」と自賛されたり、逆に「だから日本はダメだ」と批判されたりしてきた。

しかし、欧米でも、不況のときには若年の失業者は増えるが、中高年の雇用は守られる。ドライなアメリカでも勤続年数の長い労働者はレイ・オフ（一時的解雇）の対象になりにくい。**中高年が平気でリストラされる日本より、むしろ欧米のほうが終身雇用的である**とも言えるのだ。また、前もって関係者に情報を流し、あらかじめ了解を得ておく方法は、どこの国にもあることだ。**終身雇用、年功序列、根回しは、日本だけの特質ではない。**

むしろ、**日本のよさは「ヒラの人たち」に責任感が強く、陰日向《かげひなた》なく働くことである。**欧米では豊かな社会になると、ヒラの人たちが管理者の目を盗んでサボることが日常茶飯事となる先進国病が生じた。欧米のエリートはヒラが働かない分だけ、よけいに仕事漬けにならざるをえない。日本では無名の人たちがよく努力している。**日本の「ヒラの人たち」の水準の高さは世界に冠たるものがある**のである。

政治・経済

日本は「大きな政府」から「小さな政府」へ向かっている

かつて、人びとは失業と飢えへの恐怖と隣り合わせで生きていた。しかし、ケインズ主義（失業をなくすために、政府が財政支出により景気を浮揚させる考えをケインズ主義という）と、社会的弱者を救済する福祉国家論によって、人びとは安心して生きられるようになった。こうしたケインズ主義や福祉国家論にもとづく政府、すなわち**積極的に政府が人びとの生活に介入し、手助けしようとするのが「大きな政府」**だ。

しかし、**ケインズ主義や福祉国家論、すなわち「大きな政府」には、人びと（選挙民）の「ただ乗り」「たかり」に対して弱く、とめどがなくなっていくという弱点がある。**たとえば、不況になれば公共事業をしてくれ、と政府頼みになったり、政党は保守・革新を問わず、民衆に迎合して、福祉を手放しで拡大しがちになってしまうのである。

だが、そうなると、国家財政はパンクしてしまうし、社会にも活力がなくなる。そのような批判を受けて、１９８０年代に、イギリスのサッチャー首相とアメリカのレーガン大統領は、ケインズ主義や福祉国家論を否定し、「小さな政府」をめざす方向を打ち出した。

「小さな政府」は、国営企業の民営化、教育や医療などの市場開放、規制緩和など、「市場」対「国家」において「市場」の肩を持つ立場である。すなわち、**近年、政府の役割が**

ここが使える

大きくなりすぎたため、市場を尊重し直そう、民間にできることは民間にやらせよう、というのが「小さな政府」なのである。そして、「民間にできることは民間に」というフレーズのもと、**いまの日本は「大きな政府」から「小さな政府」へ向かっている**ことを見逃してはならない。

「小さな政府」＝市場万能主義も万能ではない

ここが使える

金もうけをしたいという気持ちを認めなければ、市場経済は成り立たない。ただ、ロシアは共産主義から市場経済に移行したが、必ずしもうまくいっていない。**経済を成り立たせるのは、たんなる金もうけの意欲だけではない**からだ。とくに、モノづくり（製造業）についてそれが言える。金もうけの意欲が強すぎると、果実（成果）をあわてて欲しがりすぎ、まともなモノづくり（製造業）が育っていかない。

ここが使える

また、市場経済は自由競争が基本にあるため、どうしても勝者と敗者が生まれる。**優勝劣敗、弱肉強食の論理が市場経済にはあるのだ。「小さな政府」論は、ケインズ主義や福祉国家論の行き過ぎに対する反省としては正しいが、弱肉強食を放置するままでいれば、社会は深刻な分裂に陥ってしまう**のである。

政治・経済

上級

『新「帝国」アメリカを解剖する』

佐伯啓思◎ちくま新書

本書のエッセンス

今日の世界はアメリカを抜きにしては語れない。国際政治がアメリカを軸にして動いていることは言うまでもないことだ。

日本の国内政治の問題も、どこかでアメリカとからんでいることが多い。経済をめぐる問題、さらには文化の問題もそうである。アメリカに賛同するにせよ、反発するにせよ、好むと好まざるとにかかわらず、アメリカの影にぶつかる。したがって、アメリカを理解することは、広範な分野の問題を論じるのに必要不可欠だ。

9・11のアメリカを標的にした大規模なテロ事件は記憶に新しい。そして、その後のアメリカの軍事行動が今日にいたるまで国際情勢の中心問題になっている。この事態をどうとらえるかについて、2つの見方がある。ひとつは、「文明」と「野蛮」の対決という図式である。アメリカは「文明」を守るためにテロリストという「野蛮」と戦っている、というものである。もうひとつは、異質な文明どうしの間に起こる「文明」と「文明」の衝突だ、という図式である。しかし、この本の著者によると、そのどちらの見方も適切ではない。事態は、「文明」と「文化」の衝突だというのである。

「文明」とは、科学技術や合理的な制度のように、世界のどこででも通用する普遍的で抽象的なものである。それに対して「文化」とは、特定の地域とそこの歴史に根ざした独自のものである。アメリカは「文明」こそ真理であり、正義であるとして全世界に押し広げようとしているが、それによって、自己の固有な「文化」が押しつぶされてしまうと感じる側からの反発が生じる。この本の著者は、テロと軍事行動という悪循環の背景にはそのような図式があるのだと述べている。

この本は、現在進行中の国際政治の理解に役立つことはもちろんだが、それだけではない。アメリカという国の原点と近年の変容についてわかる、優れたアメリカ論でもある。また、日本も含めて全世界がこうむっているアメリカ化の意味も論じられている。これからのグローバル社会のあり方を考えるのに最適の書と言えるだろう。

内容解説・使えるフレーズ

「文明」と「文化」という両軸で世界は動いている

西欧は、科学的な合理主義と自由や民主主義を理念として打ち出し、軍事力・経済力によって世界を支配し、リードしてきた。今日では、西ヨーロッパはそのような野心や使命感を失っている。だが、その野心や使命感を受け継いだのがアメリカだった。アメリカは、冷戦下には自由や民主主義、市場経済などを西欧文明とみなして、その守護者になろうとしてきた。そして、冷戦後は世界の「文明化」に責任を持っていると考えている。

一方、イスラムの側は、世界化することのできない独自の宗教と生活様式に誇りを持ち、それに固執する「文化」として、自己を打ち出そうとする。

ここが使える

西欧の理性的な理念にもとづいて世界を普遍的にしようとする思考が「文明」、それぞれの場所と歴史に結びついた独自の習慣や生き方が「文化」と呼ばれる。その意味では、西欧・アメリカという「文明」とアラブ・イスラムという「文化」が対立しているわけだ。

「文明」の側に属する人びとは、自分たちは普遍的だという無意識の優越感を持っている。そこで、「文化」の側に立つものは、その無意識の優越感によって誇りを傷つけられ、蹂躙《じゅうりん》されたと感じる。こうして、「文明」の進出は、「文化」に対する脅威となり、挑戦とみなされることになる。

どの社会にも、その社会を超える普遍的な要素と、その社会固有の要素の両方がある。

ここが使える

つまり、**あらゆる社会が「文明」と「文化」の両側面を持っている**のだ。しかし、その一方のみが過度に強調されると、社会は不安定になり、相互に対立しあうようになる。

ここが使える

現代の世界は、普遍的な「文明」を普及させようとするアメリカニズムと、それに反発するイスラムをはじめとする「文化」的な原理主義との対立が軸となって動いている。

世界はマクドナルド化している

アメリカを中心にする経済のグローバル化によって、世界各地で国境を越えた共通の消費文化がつくり出された。

ここが使える

文化のグローバル化とは本質的には文化のアメリカ化であり、その典型・象徴であるのが「マクドナルド」だ。

「安くて、早い」マクドナルドは、コスト削減と画一的で合理化された生産という原理の典型である。しかも、それだけにとどまらず、「食べ方」というスタイル（消費の新しい様式）をも生み出した。マニュアル化され、管理されるのは生産工程や店員の対応だけではない。消費者も機械的な流れに乗って、買い、食べ、出ていくように制御されている。

ここが使える

マクドナルドのユニークさは、ハンバーガーという商品にあるのではなく、世界中のどこででも同じ方式が成り立つようにしている点だ。また、この方式はハンバーガーに限らず、寿司や中華料理にも適用が可能である。マクドナルドはほかのさまざまな食文化にとってかわろうというのではなく、ほかのものにも当てはめることのできる様式やスタイルを売り出しているのである。このように、

ここが使える

「マクドナルド」の特定の内容が問題なのではなく、内容を問わず成り立つ方式を売り出す、というところがアメリカ的である。その意味で、マクドナルドはアメリカ文化の象徴なのである。

アメリカ的な「自由」や「民主主義」もこれと似ている。「自由」とは特定の内容を意味するものではない。何が人生の価値か、何が幸福かは、人によって考えが違って当然だ。「自由」の内実は、主観的で、個人的なのである。しかし、人びとがそれぞれの幸福を実現するための「方法」「条件」は共通している、と彼らは考えているのである。

ここが使える

「自由」とは幸福の内実なのではなく、幸福を実現するための方法・条件なのである。また、**「民主主義」も決定の「内容」にかかわるものではなく、決定を行う「方法」が民主主義なのである。だから「自由」と「民主主義」は、人種や文化の多様性にかかわら**

ず、いかなる国や地域にも当てはめ可能だと考えられることになる。マクドナルドが世界のあらゆる場所に展開できるのと同じだというわけである。

建国の精神を現代のアメリカは失っている

アメリカの独立革命は、フランス革命のように支配階級を打倒するのではなく、イギリスから分離して、君主なき世界で新たな政治秩序をつくり出すというものだった。そこでは、人びとが憲法を制定し、政府をつくることが課題だった。

政治権力をつくることが自由を生み出すことになるのだから、「自由」とは政治に積極的に参加し、「公的な事項」にかかわることを意味する。だから、政治権力から離れた私的幸福が自由なのではない。**「自由」とは「公的な事項」に義務感や責任意識をもってかかわることだというのが、アメリカ建国時の共和主義の精神**だったのである。

しかし、**現代では「自由」とは、市場において自己の能力を発揮することであり、個人の主観的な目的を達成する手段にすぎない**ものになっている。一流のエリートは、もはや国家、公共の事柄には関心を持たず、私的な利益追求と私的な幸福にしか関心を持たなくなっている。**アメリカ人は建国の精神を失っている**と言えるのだ。

政治・経済

もっとネタを仕入れたい人のための＋α《プラス》

「政治・経済」

紹介した3冊は経済と国際政治が中心で、日本の国内政治が手薄になったので、それを少し補足しておこう。

近年の日本の政治を論じているタイムリーな本が、山口二郎**『戦後政治の崩壊』**（岩波新書）である。ごく最近までの政治的出来事がもりこまれているので便利だ。著者の立場はどちらかというと進歩派であるが、教条的ではなく、深い分析を行っている。平和と平等という2つの価値を立て直すという立場から、日本の戦後政治の特質をえぐりだしている。

他方、保守派の戦後日本政治論としては、佐伯啓思**『「市民」とは誰か』**（PHP新書）がユニークである。近年「市民」という言葉がもてはやされているが、市民とは誰か、とあらたまって問われると、なかなか答えにくい。それを問いつめているのが、この本である。漠然とムード的に理解されている「市民」像を解剖して、「市民」が「私民」になってしまった現状を批判している。

また、20世紀の政治を動かしてきた自由主義と社会主義の理念やその問題点を分析した本として、藤原保信**『自由主義の再検討』**（岩波新書）がある。この本を読めば、戦後の日本政治の背景が理解できるはずだ。

第2部

「書くネタ」編

中級

『美学への招待』

佐々木健一◎中公新書

本書のエッセンス

現代芸術はむずかしくてわからない、という人は多い。現代美術の展覧会に並べられた作品を見て、こんなものがなぜ芸術なのか、と思っている人も少なくないだろう。実際、古典作品にくらべて、現代音楽のコンサートや現代美術の展覧会には、それほど多くの人は集まらないのがふつうだ。

その一方で、現在では、ファッションやデザイン、あるいはスポーツまでが「芸術（アート）」のひとつとみなされることもある。以前は「芸術」とは考えられていなかったものが、「アート」として語られるようになってきた。また、現在では複製が当たり前になり、芸術体験の質そのものが以前とはまったく別のものになっている。

20世紀後半の時代状況の変化に応じて、芸術のあり方も大きく変貌してきた。何が「芸術」なのか、そもそも芸術とは何のためにあるのかが、現在、あらためて問い直されている。このように、「芸術」をめぐる現代の状況は混沌としていると言えよう。

こうした芸術の状況について、むずかしい専門用語をできるだけ使わず、日常的な経験に即して解きほぐそうとしたのが、この本だ。

美学の入門書として構想されているが、決して専門的な学問としての「美学」を解説したものではない。むしろ美学が本来対象としてきた「美」や「芸術」が現在置かれている状況を明らかにしながら、それらが突きつける課題を提示しようとしている。

芸術というテーマそのものが小論文の課題になることは少ないかもしれないが、現代の芸術をめぐる問題は、メディアの問題や文化の問題などと無関係ではない。また、それは同時に現代の社会や人びとの意識がどう変わってきたか、という問題でもあるだろう。

芸術系だけでなく、人文系、社会系を志望する受験生にとっても、ぜひ押さえておきたいテーマである。

内容解説・使えるフレーズ

「芸術」と「アート」を使い分ける日本人

デザインやファッションを「芸術」と呼ぶことに抵抗を感じる人も、「アート」と呼ぶことには抵抗を感じないことが多い。コンピュータ・アート、ネイル・アート、メイク・アップ・アーティストなど、**「アート」という言葉は、これまで「芸術」とはみなされてこなかった分野を、あいまいに「芸術」に近づけ、組み込む役割を果たしている。**

その背景には、現代芸術の特徴がある。**現代芸術は、精神性より造形的な表面性を追求する傾向が強い。**また、前衛的な芸術家は、既成の芸術に対してたえず「芸術」の概念を拡大し、また「芸術とは何か」という問題提起を突きつけるような作品を生み出してきた。**日本では、そうした従来の「芸術」の枠組みではとらえ切れないものを、一括して「アート」というカタカナ語で処理してきた**のである。その流れとして、従来「芸術」の枠外にあったような分野まで「アート」と呼ばれるようになったのである。

もちろん、西洋人には「芸術」と「アート」を使い分けることはできない。日本における「アート」の氾濫は、日本語に特有の文化状況のなかで生まれた現象にすぎない。しかし、「芸術」をひとつのものとして定義することがもはや不可能である以上、これらの「アート」を「芸術」とは無縁なものとして簡単に切り捨てることはできないだろう。

複製（コピー）は芸術と芸術体験を大きく変えた

ここが使える
近代になって、芸術の所産は「作品」になるとともに「商品」になった。たとえば絵画の場合は、壁画やフレスコ画から持ち運びのきくタブローへ、印刷できる版画へと進むにつれて、商品化が進んだ。

ここが使える
芸術の「商品」化を促進したのが、複製技術の進歩だ。名画を複製した版画や写真、もとの演奏を録音したＣＤなどがそれである。

ここが使える
複製（コピー）の存在は、私たちの芸術体験にも大きな変化をもたらした。ふつう、オリジナルに対してコピーは価値が劣るとされている。しかし、ＣＤで聴いていた音楽家のコンサートを見に行ったり、画集などで見たことのある名画のオリジナルをルーブル美術館で見たときに感じるのは、複製を通じてよく知っているものをあらためて確認したという再認の喜びにすぎない。現在、私たちの文化環境は、テクノロジーによって増殖された複製に取り囲まれていて、直接体験と呼べるものはほとんどない。

かつては、芸術体験は公共的な体験だった。**複製はそれまで公共的だった芸術体験を個人化し、自閉的なものにした**のだ。私たちは自分の部屋で自分の都合にあわせて映画のDVDや音楽CDを体験することができる。複製は、私たちの芸術体験も大きく変えたのだ。

現代芸術をいかに受け入れるか

現代芸術のなかには、わけのわからない作品や、これが芸術かと思われるような作品が少なくない。だが、それは、体験する側がそれをどう受け止めていいのかわからないということだ。目で見ることだけが美術作品を観賞することだと考えていれば、見る者の全身的な体験を求めるような作品は理解できない。音楽にメロディーのまとまりを聞き取ろうとする者は、一瞬ごとの音の響きが重要な現代音楽はわからないだろう。**現代芸術と接するときには、既成の「芸術」の概念にとらわれず、作品に直接向きあって、それにふさわしい観賞のしかたを模索する必要がある**。

しかし、現代芸術は、そのように知覚的な探求の領域を広げているだけではない。**現代芸術のなかには、「芸術とは何か」という知的な問いかけを提示するような作品もあらわれている**。たとえば、20世紀はじめの芸術家マルセル・デュシャンは、市販されている便器に「泉」というタイトルをつけ、展覧会に出品した。そこには、展覧会に出品されたものなら何でも「芸術」になるのか、という知的な問いかけがある。そうした作品は、その問いかけの背景にある芸術史や現代の芸術の状況を知らなければ、一般の観賞者は理解できないだろう。

現代芸術は近代芸術の自己反省、自己意識化

ここが使える

そもそも「芸術」の概念は近代になって生まれた。**これまでは、実用的な目的を持たず、精神的な次元を持っているものが「芸術」であると考えられていた**のである。芸術家は人間の創造力を体現する「天才」とみなされていたのだ。

ただし、こうした芸術の概念は、あくまでもひとつのイデオロギーでしかない。デュシャンの『泉』は、かつての名画のような精神的な深みを持っているとは言えない。だが、それは、創造的な新しさを追求してきた近代芸術がひとつの極限に達したときに、「芸術とは何か」という問いをあらためて投げかけたものだと言えるだろう。

ここが使える

そういった意味では、**現代芸術は、近代芸術の自己反省、自己意識化と考えることもできる**のだ。

中級

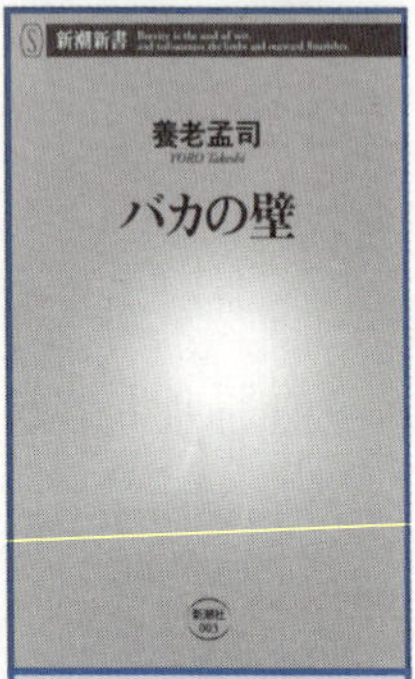

『バカの壁』

養老孟司◎新潮新書

本書のエッセンス

現在、従来信じられてきたさまざまな常識や観念が、疑われはじめている。近代の社会を支え、方向づけてきた考え方が、実は間違っていたのではないかと考えられているのだ。私たちが「常識」だと思い込んでいたものが、本当に自明なものなのかどうか、問い直されているのである。

この本の著者は、『唯脳論』などの著書で有名な解剖学者である。「人間の意識は脳の機能にすぎない」という立場から、人間の思想や身体、社会などについて、まったく独自の視点から論じてきた。

そんな著者が、現代社会のさまざまな問題について、縦横に語っているのが、この本だ。

いろいろな問題があつかわれているが、著者のユニークな視点は一貫している。口述筆記だけに読みやすいが、内容は決して一筋縄でいくものではない。

本書のタイトルになった「バカの壁」というのは、簡単に言えば、「人にはわからないことがある」という単純な事実を示した言葉だ。人は、さまざまな「バカの壁」に囲まれて生活している。それを認めることで、気が楽になって、逆にいろいろなことがわかるようになるかもしれないのに、現代人は「バカの壁」の存在をなかなか認めることができない。つまり、人にはわからないことがあるということがわからないのだ。だからこそ、現代に特有のさまざまな問題が生じてきた。これが、著者の一貫した立場だ。

難関校の人文系では、独自性やユニークな切り口が求められることがある。意識とは何か、価値とは何か、といった問題をあつかった課題文が出題されることもある。この本に書かれていることを、そのままネタとして使うのはむずかしいかもしれないが、著者のような視点を自分なりに消化して自分のものにしておくことは、きっと役に立つだろう。「近代・ポストモダン」「環境・科学」「言語・文化」などの項目もあわせて読んでほしい。きっと理解が深まるはずだ。

内容解説・使えるフレーズ

現実はあいまいである

本当は何もわかっていないのに、「わかっている」と思い込んでいる人がいる。そういう人に限って、自分が知りたくないことは自分から情報をさえぎってしまう。そのくせ、そういう人ほど、安易に「聞けばわかる」「話せばわかる」と思っているのだ。

実際には、現実というのはそんなに簡単に「わかる」ものではない。ここが使える **現実はあいまいだからこそ、それが不安になった人間は、何か確かなものが欲しくなり、宗教などをつくり出したの**である。人間にはわからない現実だが、それを完全に把握している「神」という存在を考え出したのである。そこから、「何事にも正解がある」「客観的な事実、絶対的な真実というものが存在する」という確信が生まれたのだ。

しかし、客観的な真実があるかどうかは、本当には確かめられないのだから、結局は信仰の問題にすぎない。それなのに、それが信仰だと知らないまま、ここが使える **「自分たちは客観的である」と信じることは、思考停止につながるので、きわめて危険な態度**だ。

だからといって、「すべては不確かだ。だから何も信じるな」とまで考える必要はない。

私たちは「確かなこと」をつねに探して求めている。だからこそ、疑ったり、検証したりしている。**「確からしい」ことを、まるで絶対の真実のように思い込むことが問題**なのだ。

「個性」は「脳（意識）」が生み出した

一般に、情報は日々変化し続けるが、それを受け止める人間のほうは変化しない、と思われている。しかし、情報は、いったん発せられてしまえば、絶対に変わらない。新しい情報が次々に付け加えられるだけだ。

むしろ変化するのは、情報ではなく人間のほうだ。私たちは日々変化している。昨日の「私」と今日の「私」は同じではない。それなのに、私たちがそう考えないのは、なぜか。それは、脳（意識）の働きによっている。**脳（意識）はつねに「自己同一性」を追求している**のである。

現代社会は、情報化社会だ。いいかえれば、脳化社会、意識中心社会だ。脳（意識）は自己同一性を追求するから、「私は私」と言い続ける。いわば、自分自身を不変の情報と規定する。そこに近代的個人が発生する。自分は変わらない、という思い込みがあるから、自分には「個性」がある、という主張も成立するわけだ。つまり**「個性」は脳（意識）**

が生み出したとも言えるのだ。

現代では、こうした「個性」の尊重が叫ばれ、個性を発揮することがよいこととされている。だが、本来、意識（脳）とは共通性を追求するものだ。とくに現代は、マス・メディアが発達して、多くの人が同じ情報を共有し、わかりあえるための手段を持つようになった。**本来は一人ひとり違っている人間どうしが、いかにお互いにわかりあえるかを考えるほうが大切**なことだ。

「身体」も「共同体」も「無意識」も忘れ去られている

現代人は「身体」の問題を考えなくなっている。たとえば、戦前は軍隊で身体訓練をすることで、いやでも身体のことを考えさせられた。それが、現代では身体との付き合い方が忘れられている。

身体を動かすことは、学習と密接な関係がある。脳のなかでは、入力した情報から出力することが次の出力の変化につながっている。そうして、赤ん坊は何度も転ぶうちに歩き方をおぼえるのだ。現代人は、そうした身体の重要性を忘れている。

「身体」と同様に忘れられているのが、「共同体」の問題と「無意識」の問題だ。人間はひとりでは生きていけない。つねに周囲の人や社会との関係、つまり共同体のなかで、人生の意味を見出していく。ところが、**現代ではかつてあった大きな共同体が崩壊してしまった**。かつては、共同体の成員がお互いに支えあい、貸し借りをしあって生きていて、そのこと自体に人生の意味があった。だが、現代人は会社や官庁といった小さな共同体に閉じこもって、社会に共通の理想や価値観を見出せずに、お互いに壁をつくって排除しあっているだけだ。

（ここが使える）

また、**現代人は脳化社会、つまり意識の世界に暮らしている**。24時間営業のコンビニが普及し、若者は夜寝なくなった。**現代人の生活は意識が中心になっていて、そこから無意識は排除されてしまっている**。しかし、たとえば睡眠中も身体は活動しているように、無意識もその人の一部だ。つまり、自分のなかに意識によって制御できない別の自分がいるのは当たり前のことなのだ。それを忘れているために、現代人は悩みがあることが悪いことのように思い、悩みをなくそうとして、科学なり宗教なりを絶対視しようとする。

（ここが使える）

このように、**現代人は自分が脳化社会に暮らしていて、そのために身体や無意識を忘れ、共同体を崩壊させていることを自覚していない**のである。

（ここが使える）

もっとネタを
仕入れたい人のための
プラスα

「思想・芸術」

新しい芸術や文学を理解するには、現代思想の流れを押さえておくことが必要だ。なぜなら、現代の芸術や文学は、現代思想を理論的な背景にしていることが多いからだ。とはいえ、個々の思想家の本を読もうと思っても、なかなか読みこなせないだろう。そんななか、竹田青嗣**『現代思想の冒険』**（ちくま学芸文庫）は、近代哲学の系譜を押さえたうえで、現代思想の流れを大胆に整理し、明快に解読している。たんなる現代思想入門ではなく、著者なりに思想の現在に迫ろうとしており、受験生にもわかりやすいものになっている。

芸術とメディアは、つねに深いかかわりを持ちながら発展してきた。とりわけ、現代の芸術表現は、デジタル・メディアの登場によって根本的な変化を強いられている。三井秀樹**『メディアと芸術』**（集英社新書）は、メディア・アートに見られるような現代のメディアと芸術の関係に焦点を当てて、メディアが芸術のあり方にどのような変化をもたらしているのか、またそうした変化が私たちの感性にどのような影響を与えていくのかを論じている。芸術の問題だけでなく、メディアの問題、情報化の問題などを考えるうえで、さまざまなヒントを与えてくれるはずだ。

著者紹介

1951年大分県生まれ．早稲田大学第一文学部卒業後，立教大学大学院博士課程修了．大学でフランス語講師をしながら，小論文の指導に携わり，独自の小論文指導法を確立．「小論文の神様」と呼ばれる．現在は，小論文・作文通信指導の「白藍塾」で「樋口式」小論文の書き方を指導し，多くの受験生を志望校に導いている．東進ハイスクール客員講師．

著書に『読むだけ小論文』（学研），『ぶっつけ小論文』（文英堂），『まるまる使える入試小論文』（桐原書店）など多数の参考書のほか，『ホンモノの文章力』（集英社新書），『やさしい文章術』（中公新書ラクレ），『頭がいい人，悪い人の話し方』（PHP新書）などがある．

〈白藍塾問い合わせ先＆資料請求先〉
〒161-0033
東京都新宿区下落合1-5-18-208
白藍塾総合情報室（03-3369-1179）
http://www.hakuranjuku.co.jp
お電話での資料のお求めは
0120-890-195

小論文これだけ！

2004年10月6日　第1刷発行
2008年1月24日　第5刷発行

著　者　樋口裕一《ひぐちゆういち》
発行者　柴生田晴四

〒103-8345
発行所　東京都中央区日本橋本石町1-2-1　東洋経済新報社
電話　東洋経済コールセンター03(5605)7021　振替00130-5-6518
印刷・製本　東洋経済印刷

Printed in Japan　ISBN 978-4-492-04212-0　http://www.toyokeizai.co.jp/